Lisz Hirn

GEHT'S NOCH!

Warum die
konservative Wende
für Frauen
gefährlich ist

MOLDEN

STYRIA
BUCHVERLAGE

© 2019 by Molden Verlag
in der Verlagsgruppe Styria GmbH & Co KG
Wien – Graz
Alle Rechte vorbehalten.
ISBN 978-3-222-15030-2

Bücher aus der Verlagsgruppe Styria gibt es
in jeder Buchhandlung und im Online-Shop
www.styriabooks.at

Covergestaltung: Emanuel Mauthe
Coverabbildung: gettyimages/CSA-Printstock
Buchgestaltung und Satz: KettnerVogl – Grafik Design
Lektorat und Projektleitung: Elisabeth Wagner

Druck und Bindung: GPS
Printed in the EU
7 6 5 4 3 2 1

FÜR THEO

INHALT

DIE KONTROLLIERTE GEBÄRMUTTER
Seite 74

Unser konservatives Mutterbild verhindert beharrlich die Gleichheit der Geschlechter. Kein Wunder, dass sich an der niedrigen Gebärstatistik kaum etwas ändert. Verhütung und Abtreibung werden als moralische Angelegenheiten behandelt: Denn wer die Fortpflanzung kontrolliert, kontrolliert auch die Frauen.

BLUT, BURKA UND BEKENNTNIS
Seite 92

Nicht nur importierte Frauenbilder tabuisieren den weiblichen Körper und klassifizieren Frauen als defizitär. Auch längst überholt geglaubte Vorurteile aus Wissenschaft und Religion tragen dazu bei. Sowohl Linke als auch Rechte möchten Frauen befreien – indem sie ihnen ihre jeweilige Vorstellung von Freiheit aufzwingen.

DER BEFREITE MANN
Seite 113

Alle Emanzipationsbewegungen sind bisher gescheitert. Vor allem, weil sie es nicht geschafft haben, ein verbindliches Ethos der Geschlechter zu schaffen. Auch wenn es wehtut: Emanzipation kann nur nachhaltig gelingen, wenn sich mit den Frauen auch die Männer emanzipieren.

TESTEN SIE SICH
Seite 131

Für Männer:
Sind Sie ein Biedermann?
Für Frauen:
Stecken Sie in der Retrofalle?
Etwas Selbsterkenntnis zum Ausklang: garantiert wissenschaftlich nicht fundiert.

VORSPIEL:

BIEDERMANN UND

DIE BRANDSTIFTER

"

Der, um zu wissen, was droht,
Zeitungen liest,
Täglich zum Frühstück entrüstet
Über ein fernes Ereignis,
Täglich beliefert mit Deutung,
Die ihm das eigene Sinnen erspart,
Täglich erfahrend, was gestern geschah,
Schwerlich durchschaut er, was eben geschieht
Unter dem eigenen Dach.

MAX FRISCH,
Biedermann und die Brandstifter

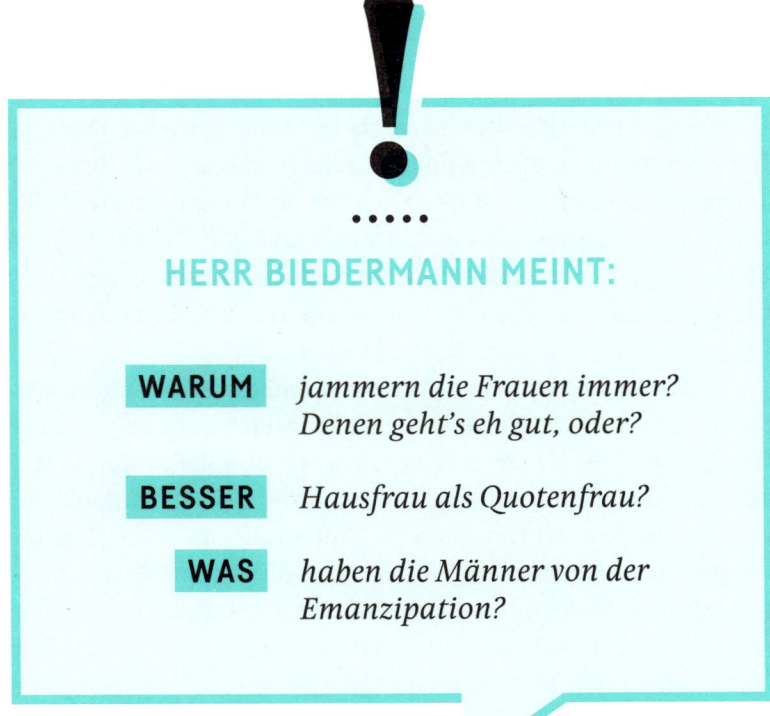

HERR BIEDERMANN MEINT:

WARUM *jammern die Frauen immer? Denen geht's eh gut, oder?*

BESSER *Hausfrau als Quotenfrau?*

WAS *haben die Männer von der Emanzipation?*

AM ANFANG dieses Buches steht eine Geschichte, die wohl jeder aus dem Deutschunterricht kennt. Es ist die Geschichte von Herrn Biedermann, der mit seiner Frau in einem schönen Haus lebt. Er verdient so viel, dass sie nicht arbeiten gehen muss. Beide fühlen sich in der Mitte der Gesellschaft angekommen. Das Einzige, was das Paar beunruhigt, ist eine ungeklärte Brandserie, die in der Stadt wütet. Dann passiert etwas, womit sie nicht gerechnet haben: Die vermeintlichen Brandstifter klopfen auch an ihre Tür und – siehe da – werden auch eingelassen.

Statt sich gegen die offensichtlichen Brandstifter zu wenden, Behörden und Nachbarn zu alarmieren, versuchen Herr und Frau Biedermann, sich mit diesen gut zu stellen. Sie hoffen bis zuletzt, dass sie dadurch von den Brandstiftern verschont bleiben. Was sie dabei übersehen, ist das, was ihnen einer der Brandstifter, Herr

Eisenring, selbst offenbart hat:»Scherz ist die drittbeste Tarnung. Die zweitbeste: Sentimentalität. ... Aber die beste und sicherste Tarnung (finde ich) ist immer noch die blanke und nackte Wahrheit. Komischerweise. Das glaubt niemand.«[1] Das Lehrstück ohne Lehre endet, wie es enden musste: Nicht nur Biedermanns Haus fliegt in die Luft, sondern dank ihrer opportunistischen Gutmütigkeit und Einfalt auch alle Häuser rundherum.

Max Frisch zeigt in»Biedermann und die Brandstifter«, was die Ursache des Verderbens zwischen einzelnen Personen und der Gemeinschaft ist. Nämlich eine biedere Geisteshaltung, die verkennt, dass es nicht um die Entlarvung von Lüge und Manipulation geht, sondern um Mitläufertum und Opportunismus, die sich wehrlos gegenüber Verbrechern gibt, die sich überhaupt nicht tarnen, sondern die unverblümt sagen, was sie wirklich wollen. Die Ereignisse der letzten Jahre, sowohl in Österreich als auch in Deutschland, haben einem Konservatismus den Weg geebnet, der als politische Strömung lange in der Versenkung verschwunden war. Niemand hätte sich vorher freiwillig als»konservativ« bezeichnen lassen.

Konservativ galt als Synonym für veraltet und gänzlich unzeitgemäß. Erst die jüngste Zeit machte es schick, sich»neokonservativ« zu nennen.

Als in Österreich Sebastian Kurz 2017 mit seiner»neuen ÖVP« antrat, um das Konservative wieder salonfähig zu machen, gab ihm der Wahlerfolg recht und führte zur»türkis-blauen« Regierung mit der FPÖ. Aber auch in Deutschland rufen Personen mit auffallend konservativer Einstellung nach der»bürgerlichen Wende«. Alexander Dobrindt, der Vorsitzende der CSU-Landesgruppe im Deutschen Bundestag, fordert sie in seinem programmatischen Papier für Deutschland ein. Seiner Meinung nach müsse 50 Jahre nach 1968»endlich klar« sein, dass Deutschland»nie links war, sondern immer bürgerlich«.[2] Die »linke Meinungsvorherrschaft«

solle endlich gebrochen werden und damit die Kritik von gesellschaftlichen Ungleichheiten. Diese »neuen« Konservativen vertreten also ein Weltbild, in dem nicht nur die Frauen, aber vor allem wieder die Frauen verlieren werden. Denn eine dieser unüberbrückbaren Ungleichheiten, die diese Männer (und merkwürdigerweise auch Frauen) verkünden, ist die zwischen den Geschlechtern.

Die ungleiche Situation von Mann und Frau ist ein alter Hut. Sie bestand schon lange, bevor die französische Philosophin Simone de Beauvoir 1949 ihr Grundlagenwerk »Das andere Geschlecht« veröffentlichte. Ihr erklärtes Ziel war damals, die Ursachen dieser Ungleichbehandlung zu analysieren, um die Frauen aus diesem Teufelskreis zu befreien. Die Philosophin diagnostizierte seinerzeit, dass diese Welt immer den Männern gehört habe und noch immer gehöre: »Keiner der Gründe, die dafür angegeben werden, erscheint ausreichend.«[3] Beauvoirs Buch zeigt akribisch, dass sich patriarchale Strukturen an nahezu allen Orten unseres Lebens finden lassen und wie sie sich bemühen, die Unterdrückung zu halten.

Ihre Thesen sorgten für einen Aufschrei, der wesentlich die Emanzipationsbestrebungen und das Denken einer ganzen Generation von Frauen in den 1960er- und 1970er-Jahren prägen sollte. Danach wurde es leiser. Welche Auswirkungen diese patriarchalen Strukturen noch immer für viele Frauen haben, brachte erst wieder die #MeToo-Debatte auf die Bildschirme der Social-Media-Gesellschaft, die allerdings »nur« die Problematik sexualisierter Gewalt und die Belästigung an Frauen thematisierte. Zwar wurden diverse Vorfälle benannt und kritisiert, doch der heiß geführte Opferdiskurs lenkte von etwas viel Wichtigerem ab: An der umfassenden sozialen und ökonomischen Diskriminierung, in der sich das Gros an Frauen seit jeher und noch immer befindet, hat sich seit Beauvoir nicht viel geändert. An der formalen Oberfläche haben sich die meisten Frauen emanzipieren können, in der gesellschaftlichen Tiefe jedoch nicht.

Emanzipierte Frauen spielen heute sogar zusätzlich unter erschwerten Bedingungen, da die Erwartungen an sie hoch sind: Den Druck, »alles« zu schaffen, bekommen die meisten dieser Frauen spätestens dann zu spüren, wenn sie ihr erstes Kind bekommen. Wir erleben Frauen, die von einer immer härteren und ungerechter werdenden Arbeitswelt entmutigt werden und sich von einem »maternalistischen Feminismus« zur Rückkehr an den Herd verführen lassen. Wie aber konnten wir in diese Zwickmühle kommen? Ist die Emanzipation der Frauen wirklich oder nur auf dem Papier gelungen? Wurde nicht schon längst der globale Triumph der liberalen Demokratie und der endgültige Erfolg der Emanzipation verkündet? Das war auf jeden Fall voreilig.

Statt unseren Blick ausschließlich auf Differenzen zwischen den Geschlechtern zu richten, sollten wieder die großen sozialen Ungleichheiten behandelt werden. Stattdessen marschieren die Biedermänner wieder schamlos und unbehelligt auf und unterwandern die Idee einer emanzipierten Gesellschaft mit alten Herrschaftsmustern. In den Köpfen geistert nach wie vor das Bild vom »Mann als Ernährer« herum, aus den Boulevardblättern lacht uns einerseits die starke, unabhängige »Biederfrau« im Businessjackett entgegen und andererseits die neueste Diät sowie erotische Tipps, um einen Mann zum Heiraten zu finden. Die geltenden Männlichkeitsideale werden dabei ebenso wenig wie die vorherrschenden Machtstrukturen infrage gestellt. Junge, hübsche Gesichter werden hier zu den alten »Emanzen« in Konkurrenz gesetzt, mit dem Zweck, den »alten Feminismus« als Männerhass »frustrierter alter Jungfern« abzutun.

Längst hat der Neoliberalismus die Emanzipation als Geschäftsmodell begriffen. Nach dem neoliberalen »feministischen« Mantra ist jede Frau nun ihres eigenen Glückes Schmiedin. Die Geschlechterhierarchien zu kritisieren war gestern. Jede muss sich selbst verbessern, ihre Performance optimieren, anstatt Veränderungen der sozialen Umstände zu fordern. Diese Haltung kommt jener konservativen Politik entgegen, die auf den Erhalt patriarchaler Machtstrukturen erpicht ist. Frauen richten sich plötzlich wieder gerne in Abhängigkeiten ein, wenn sie dadurch die gesellschaftliche und wirtschaftliche Sicherheit bekommen, die ihre Geschlechtsgenossinnen in prekären Verhältnissen vermissen. Emanzipation ja, aber nur in abgespeckter Form und solange sie davon profitieren. Was diese »Biederfrauen« dabei vergessen, ist, dass ihr »Feminismus light«, der die gesellschaftlichen Verhältnisse nicht grundlegend verändern will, keine wirkliche Befreiung bedeutet.

Denn progressive Bewegungen können schnell ins Gegenteil umschlagen. Der aktuelle Backlash zeigt sich weltweit nicht nur an einem Erstarken der politischen Repräsentanten konservativer und nationalistischer Politik, sondern auch an der wachsenden Resignation gegenüber einer globalisierten Wirtschaft, die sich durch raschen Wandel und gnadenlosen Wettbewerb zwischen den Nationen, Unternehmen und Arbeitnehmern auszeichnet. Der Stresstest für Familien und Gemeinschaften ist immens. Nicht nur die Rolle der Frauen wird fraglich, sondern auch die der Männer. Verunsichert fühlen sich die Männer in einer von den Frauenbewegungen veränderten Welt abgehängt und werden zum leichten Opfer für die zahlreichen Brandstifter, die ihnen einfache Gründe für ihre komplexe, soziale Situation liefern. So hätte auch die zunehmende Gleichheit der Frauen Schuld daran, dass Männer ihren Platz in der Welt verloren haben. Die Aggression über den Verlust von Privilegien bekommen alle Gruppen zu spüren, denen man in den letzten Jahren mehr Rechte eingeräumt hatte. Zu diesen zählen auch die Frauen, auch wenn nicht alle der Backlash im gleichen Ausmaß betrifft.

Nicht die »Bieder- und Bobofrauen« leiden unter dem aktuellen Backlash am meisten, sondern die Frauen, die bisher am wenigsten von Emanzipation und Feminismus profitiert haben.

Die sozial Benachteiligten und jene mit niedrigem sozialen Status bezahlen den Preis für die größere Gleichberechtigung der bereits privilegierten Biederfrauen in Politik und Wirtschaft, die als Exotinnen von ihren Führungspositionen aus posaunen, dass es jede schaffen kann, wenn sie sich nur genug bemüht. Diese Biederfrauen glauben nicht mehr, dass es ein Hindernis ist, eine Frau zu sein, sondern eine Besonderheit, die sich nutzen lässt. In diesem Buch wird es also nicht nur um die Biedermänner, sondern auch um die Biederfrauen gehen. Es geht darum, die aktuellen gesellschaftlichen Brandstifter – und Brandstifterinnen – zu benennen und anhand konkreter Beispiele der jüngeren Vergangenheit ihr Vorgehen zu dokumentieren.

Die konservative Offensive, die derzeit in Politik und Medien tobt, hat dazu geführt, dass emanzipierte Minderheiten mehr denn je in die Defensive gedrängt werden. Mit diesem Vorgehen werden allerdings auch immer öfter die Werte unserer offenen, demokratischen, egalitären Gesellschaft bedroht. Diese konservativen oder rechts der Mitte angesiedelten Brandstifter zu unterschätzen hieße, keine Lehren aus der Vergangenheit zu ziehen. Wenn wir eine Moral aus der Geschichte der »Biedermanns« lesen können, dann ist es die, dass es die »Biedermanns« selbst sind, die sich die Brandstifter ins Haus einladen. Erst ihre Geisteshaltung ist es, die sie den Brandstifter unterlegen macht und ihren Untergang besiegelt.

■

DIE
KONSERVATIVE
OFFENSIVE

"

*Die Menschen sind am konservativsten,
wenn sie am wenigsten tatkräftig sind
und am üppigsten.
Nach dem Essen ist man konservativ.*

RALPH WALDO EMERSON

HERR BIEDERMANN MEINT:

IST *jetzt schon jedes Kompliment eine sexuelle Belästigung?*

DAS *klassische Familienmodell hat jahrhundertelang funktioniert – also kann es nicht so falsch sein.*

PUTIN *und Trump sind wenigstens nicht so Weicheier-Politiker!*

WIE KANN man sich also dagegen wehren? Woran erkennt man den Biedermann, die Biederfrau? Wie durchschaut man das Theater der Brandstifter? Indem wir uns zuerst bewusst machen, dass die »westliche« Gesellschaft, die sich für emanzipiert und kosmopolitisch hält, nie ihrem Ruf gerecht wurde. Sie hatte auch nie vollständig ihre konservativen Rollenbilder abgelegt. Frauen müssen in dieser Welt noch immer Männern gefallen, um in ihrem Frauenleben erfolgreich zu sein. »Eine Frau, die sich der herrschenden Vorstellung nicht anpaßt, entwertet sich sexuell und folglich auch gesellschaftlich, da die Gesellschaft die sexuellen Werte integriert hat.«[4]

BEISPIEL 1:
DER DEKORATIVE AUFPUTZ

Schladming 2018. Der österreichische Bundeskanzler Sebastian Kurz übernimmt den EU-Ratsvorsitz. Zusammen mit Ratspräsident Donald Tusk und dem bulgarischen Premierminister Bojko Borissow posiert Kurz körpernah zwischen drei blonden jungen Frauen für die offiziellen Pressefotos. Während die Herren in legere Anzüge gekleidet sind, tragen die »Dachsteinkönigin« und ihre beiden »Dachsteinprinzessinnen« Dirndl, Schärpe und Tiara.

Und da ist es wieder, diesmal sichtbar für die ganze Weltöffentlichkeit: dieses Frauenbild, das unter der aktuellen Regierung wieder gesellschaftsfähig geworden ist. Es lässt Frauen am liebsten ins politische Rampenlicht, wenn sie die Insignien einer Schönheitskönigin tragen. Lässt sich das Szenario mit umgekehrten Vorzeichen überhaupt denken? Hat die deutsche Bundeskanzlerin Angela Merkel je mit hübschen jungen Männern in Lederhosen in die Kameras gewinkt? Es ist schwer vorstellbar, dass sich ein erwachsener Mann finden lässt, der mit einer Prinzenschärpe ausstaffiert posieren würde. Die Inszenierung der Frau im Namen ihrer Weiblichkeit

»… ist das sicherste Mittel, ihr einen schlechten Dienst zu erweisen«[5] und das gewünschte, konservative Rollenbild zu propagieren.

Wie aber sieht dieses konservative Rollenbild genau aus? Eindeutig weiblich, nicht nur vom biologischen Geschlecht, sondern auch vom sozialen fügt sich die Frau in das Rollenspiel. Es sollen wieder »richtige Frauen« her, solche, die sich fortpflanzen und den Nachwuchs mit größtem Vergnügen und viel Hingabe betreuen sowie ihre Position an der Seite eines Mannes schätzen können. Gut ausgebildet, steckt die ideale Biederfrau ihre Ambition in ihren Mann und ihre Kinder, denen zuliebe sie zu Hause bleibt und die Kleinfamilie managt. Kindererziehung, Kochen und Putzen – diese Dreifaltigkeit bestimmt das Leben der Biederfrau. Ein Leben wie aus einer Werbung der 1950er-Jahre, in der es hieß: »Eine Frau hat zwei Lebensfragen: Was soll ich anziehen? Und was soll ich kochen?« Frauen, die sich bewusst gegen Ehe und Mutterschaft entscheiden, sind demnach keine »normalen« Frauen.

Die »richtigen« Frauen betonen nicht nur die Unterschiedlichkeit der Geschlechter, sondern preisen auch das Kinderkriegen als höchste Erfüllung der Weiblichkeit. Man verstehe das konservative Frauenbild nicht falsch: Den Frauen kommt in dieser Gesellschaftsvorstellung eine wichtige Rolle zu. Sie dürfen das Bollwerk gegen die von den Männern geschaffene soziale Kälte und Wettbewerbsgesellschaft bilden, dagegen angehen dürfen sie jedoch nicht, ohne ernste Konsequenzen befürchten zu müssen. Wer will schon offen als »Emanze« gelten, der Herr Otto Normalverbraucher schon mal gerne »Geschlechtsverkehr zum Frustabbau« verordnet? So geschehen der ehemaligen Grünen-Abgeordneten Sigrid Maurer.

Sigrid Maurer hatte am 30. Mai 2018 obszöne Privatnachrichten, die vom Facebook-Account eines Wiener Craft-Beer-Geschäftsführers stammten, auf ihrem eigenen Facebook-Account öffentlich gemacht. Nachdem der Geschäftsbesitzer daraufhin von Usern beschimpft wurde und sein Lokal online schlechte Bewertungen erhielt, klagte er Maurer wegen übler Nachrede und bestritt, der Verfasser der Nachrichten zu sein.[6] Angeblich habe es vor dem Lokal herumstehende Männer gegeben, die Maurer immer wieder anzügliche Kommentare hinterherriefen. Der Kommentar des klagenden Anwalts, Frauen könnten schließlich ausweichen und einfach die Straßenseite wechseln, erinnert an den Artikel einer Zeitung der 1950er-Jahre. In diesem wird reihum betont, dass eine Frau, »seine ›kleinen Fehler‹ auch schon mal lächelnd in Kauf nehmen« muss.

Unter diese »kleinen Fehler« – früher »Kavaliersdelikt« genannt – scheinen also auch sexistische Äußerungen zu fallen. Positiv zu vermerken ist, dass der Fall Maurer eine umfassende gesellschaftliche Debatte und Unterstützung ausgelöst hat, die es so vor einigen Jahrzehnten noch nicht gegeben hätte. Auf der »Sollseite« findet sich allerdings die reformbedürftige Gesetzeslage, die es Cybermobbingopfern – von der sexuellen Spielart sind überwiegend Frauen betroffen – momentan erschwert, gegen die Täter vorzugehen.

Von konservativer Seite werden Proteste von Frauen gegen sexuelle Belästigung und die implizite Reduktion auf ihren Körper übrigens oft als überempfindliche Reaktion spaß- und lustbefreiter »linker Emanzen« abgetan. Doch wie das nächste Beispiel zeigt, sind auch konservative Frauen nicht davor gefeit – womit die Absurdität eines »Lagerdenkens« in diesem Kontext deutlich wird.

BEISPIEL 3:
DIGITALES BODYSHAMING

Als die österreichische Ministerin für Nachhaltigkeit und Tourismus Elisabeth Köstinger nach der Geburt ihres Sohnes mit ein paar Kilos mehr auf den Rippen aus der Karenz zurückkehrte, wurde sie in sozialen Medien als »fett« bezeichnet; eine sexistische Hassnachricht, die viele prominente Frauen nach Schwangerschaft und Geburt erreicht. Köstinger reagierte darauf prompt mit einer Nachricht, in der sie ihren Stolz auf einen »gebärfähigen Körper« betonte.

Letzterer sei ihr gegönnt, diese Argumentation ist dennoch ein denkbar schlechtes Argument gegen Frauenhass dieser Art. Ist es doch gerade die Gebärfähigkeit, die der Auslöser aller dieser Aggressionen ist. Steht doch gerade sie für das Weibliche an sich. Einmal wendet sich der Hass gegen die Frauen, die nicht gebären wollen oder können, ein anderes Mal gegen die, die gerade schwanger sind. Jede Ausformung des weiblichen Körpers kann ihn provozieren.

Ursache dafür ist das jahrhundertealte Selbstverständnis der Brandstifter und Biedermänner, freien Zugriff auf diese Körper zu haben, um diesen zu kontrollieren: durch Gesetze, Verbote, Schönheitsideale oder Postings. Sie beweisen, dass das Leben der Frauen trotz aller mehr oder minder erfolgreichen Emanzipationsfortschritte weiterhin im Mittelpunkt von Macht- und Gewaltfragen steht. Die Biederfrauen sind die Komplizinnen der Brandstifter, die mit ihrer konservativen Rhetorik »die Frau« auf ihre Gebärfähigkeit reduzieren, also essenzialisieren und naturalisieren. Freilich mit dem Zweck, damit gleichzeitig deren Diskriminierung zu rechtfertigen.

Die Biedermänner haben mit den Brandstiftern gemeinsam, dass sie genau wissen, was die Rolle einer »Frau« sein soll und inwiefern sich diese »natürlich« von der eines »Mannes« unterscheiden muss. Immerhin sind die strengen komplementären Geschlechterrollen wesentlich für die Aufrechterhaltung der patriarchalen Gesellschaftstradition. Ihr Selbstverständnis basiert auf der Trennung zwischen einer männlichen und einer weiblichen Sphäre samt Aufgaben und Rollen. Wie sollten Frauen eine Änderung der Verhältnisse schaffen können, wenn doch diese von Männern für Männer geschaffen wurde? Folgen wir dieser Logik, wird auch klar, warum mehrheitlich nie eine »starke Frau« an der Spitze gefordert wurde. Trotzdem gibt es mittlerweile eine Handvoll.

Diese kleine Gruppe hat das Verhältnis zwischen Frauen und Männern in den vergangenen Jahrzehnten dramatisch verändert. Plötzlich haben also Männer nicht nur die Konkurrenz von anderen Männern zu fürchten, sondern auch mit der von Frauen zu kämpfen. Zusätzlich empfinden diese ökonomisch unabhängigeren Frauen Männer, die nicht die Hälfte der Hausarbeit schultern, als unattraktive Partner. Es war vorhersehbar, dass die neuen Anforderungen besonders die weniger gebildeten und privilegierten Männer verunsichern. Schließlich sind weder Politik noch Arbeitsmarkt das liberalistische Abbild des freien Wettbewerbs, sondern bilden neben historisch gewachsenen Geschlechteridealen auch kulturelle Grundüberzeugungen ab.[7] Klar sehen wir uns nach den »starken Männern«, wie wir es aus den Geschichtsbüchern gewohnt sind, die uns diesmal aus dieser »Krise der liberalen Demokratie« führen, und den »hübschen Frauen«, die als harmloser Blickfang deren Anblick erträglicher machen sollen.

DIE RÜCKKEHR DES »STRENGEN VATERS«

George Lakoff brachte es auf den Punkt, als er den Zulauf zur konservativen Politik als Hilferuf beschrieb. Diese »Conservative Message Machine« wird auch hierzulande seit Jahrzehnten kultiviert. Ziel ist es dabei, über ein rechtskonservatives Framing (Schubladendenken) das eigene Wertesystem an die Wähler zu bringen. Einer der wesentlichsten politischen Werte des konservativen Weltbilds ist das Modell des »strengen Vaters«. In der sogenannten »Strict-Father-Family« wird der Unterschied zwischen moralisch richtigem und falschem Verhalten durch Strafe gelehrt. Das konservative Menschenbild geht davon aus, dass Menschen nicht nur an sich ungleich sind, sondern auch mithilfe von Autoritäten zu ihrem Besten erzogen werden müssen. Nach dieser Logik heißt das: Wer es nicht zu Wohlstand und sozialer Anerkennung bringt, hat einfach zu wenig Disziplin gehabt, um sich in die Hierarchie zu fügen.

Die Rechnung ist demnach einfach: »Die da oben sind fleißig, gescheit und talentiert. Die da unten sind dumm, faul und unfähig.« So können die biedermännischen Profiteure diesen Verdienstadel hervorragend legitimieren. Ihre meritokratische Ideologie, nach der Status und berufliche Positionen nach Leistung und Qualifikationen vergeben werden, bestimmt eine Gesellschaft der Ungleichheit, in der es derartige Vermögens- und Einkommensunterschiede gibt. Auf diese Weise lässt sich nicht nur der Status quo argumentieren, sondern auch ein abgespeckter Vater Staat, der ausschließlich denen helfen soll, die sich seiner Hierarchie unterwerfen: Gott über Menschen, Einheimische über Ausländer, die christliche Religion über die anderen Religionen, Männer über Frauen.

Konservative Politik soll den »strengen Vater« als Familienerhalter unterstützen, indem sie ihn stärker macht – gegenüber fremden Kulturen oder auch gegenüber Feministinnen.

Dabei bauen die konservativen Brandstifter nicht nur Widerstand gegen die Emanzipation als solche auf, sondern brandmarken die Gleichstellung der Frau als männer- und familienfeindliche Ideologie, die das Wohl der Männer, Kinder und sogar das der gesamten Gemeinschaft bedroht. Nehmen wir nur die Frauenquoten für Spitzenpositionen als Beispiel. Angesichts der Tatsache, dass wir nach wie vor de facto eine bis zu 90-Prozent-Männerquote in Führungspositionen haben, wirkt diese »Bedrohung der Familienerhalter« geradezu paranoid.

Dennoch ist die konservative Message immer die gleiche: »Wenn du deine Autorität bedroht siehst, musst du etwas ändern. Also zum Beispiel das liberale Establishment abwählen.« Die Zahlen der letzten österreichischen Bundespräsidentenwahl beweisen, dass die konservative Offensive erfolgreich vorgearbeitet hat. Im Mai 2016 wählten in einem fortschrittlichen, modernen europäischen Land wie Österreich in der Stichwahl 46 Prozent einen Kandidaten des rechten Lagers. Auch wenn Norbert Hofer knapp unterlag, konnten die Brandstifter einen Erfolg feiern. Fast die halbe österreichische Bevölkerung hatte einen extrem rechten Kandidaten gewählt. Und diesmal waren auch richtig viele Frauen dabei.

Damit aber nicht genug. Ein Jahr später, 2017, beantworteten in einer Umfrage des *SORA-Instituts* nur 78 Prozent der österreichischen Befragten die Frage »Ist Demokratie die beste Regierungsform?« mit einem Ja. Zehn Jahre davor waren es noch 86 Prozent gewesen. Einige Zahlen, die belegen, dass die Demokratisierung der Gesellschaft, die so wesentlich für den Erfolg der Frauenbewegungen war, immer öfter infrage gestellt wird und damit auch die Idee der Freiheit in demokratischen Gesellschaften, die die uneingeschränkte Toleranz gegen rückschrittliche Bewegungen ausschließt.»Und gehören nicht alle Versuche und Doktrinen, Menschen und Gesellschaften wieder mehr voneinander zu trennen zu diesen Rückschritten?« Herbert Marcuse hat diese Fragen in seinem Essay »Repressive Toleranz«[8] behandelt und bejaht. Das Adjektiv »rückschrittlich« hat er treffend gewählt. Es verdeutlicht, dass Bewegungen, die anderes nicht tolerieren wollen, kein Interesse haben, Schritte auf einen Dialog hin zu machen. Sie wollen einen oder mehrere Schritte zurück, oft in eine fiktiv überhöhte Vergangenheit, in der die Herrschaftsverhältnisse noch sicher in Männerhand waren.

Diese Verunsicherung befeuert die Sehnsucht nach dem »Früher«, nach der alten Ordnung, nach einer Welt, die weniger komplex war und nach einfachen Regeln funktioniert hat. Und die Lage wird sich voraussichtlich verschärfen. Das Ausmaß an Druck, das durch die zunehmende Digitalisierung und Automatisierung auf unsere Geschlechterverhältnisse zukommt, ist kaum einzuschätzen. Schon der Philosoph und Historiker Walter Benjamin wusste, dass sich mit den neuen Medien auch die Gesellschaft ändert. Nichts ist mehr gewiss und so spüren wir, wie traditionelle und liberale Weltbilder, Geschlechterrollen und Klassenprivilegien (nicht nur digital) härter denn je aufeinanderprallen.

Rechtspopulistische Politik verteidigt die privilegierte Rolle des
Mannes in einem liberalen System, das den Wendigen und Erfolgreichen Chancen, den weniger Flexiblen jedoch vor mehr Herausforderungen stellt. Beispielsweise eine Partnerin zu finden, die sich
seinen Bedürfnissen unterordnet und seinen Anteil an der Repro-
duktionsarbeit (Haushalt, Kinder) übernimmt. Vielleicht war es
von den Progressiven und Linken naiv zu glauben, dass jeder Mann

seine Position bereitwillig an eine fachlich ebenso kompetente Frau abgibt und daheim freiwillig die Hausarbeit übernimmt. Ebenso zynisch war es, die Frauen in die Verantwortung zu nehmen, selbst nachzuforschen, ob sie schlechter bezahlt werden als ihre Kollegen. Viel eher hätten sie sich ein Beispiel an Island nehmen sollen, wo seit Januar 2018 per Gesetz gilt, dass es die Pflicht der Unternehmen ist, eine faire Bezahlung ihrer weiblichen und männlichen Angestellten zu dokumentieren. Während sich andere Länder wie Deutschland das kleine Island bereits zum Beispiel nehmen, unternimmt Österreichs Regierung vorerst keine weiteren Schritte dazu.

VON DER »NATÜRLICHEN ROLLENVERTEILUNG« UND IHREN FOLGEN

Ein weiterer Indikator für die fortschreitende konservative Offensive ist, dass die wachsende ökonomische und digitale Zersplitterung wieder mehr Menschen in die traditionellen Rollenbilder treibt. »Angesichts all dieser Umwälzungen und Unsicherheiten ist die Versuchung groß, sich auf die gute alte Mutter Natur zu berufen und die Ambitionen der vorangehenden Generation als Verirrung anzuprangern«,[10] wettert die französische Historikerin und Philosophin Elisabeth Badinter in ihrem Buch »Der Konflikt«, das eine breite internationale Debatte auslöste. Biedermänner stützen sich darauf, die Ursache der Geschichte in der Natur anzusetzen. Die natürliche Keimzelle alles Gesellschaftlichen ist demnach die Familie. Sie gilt im konservativen Wertekonzept als etwas Natürliches, allerdings nur in der traditionellen Form: Mutter – Vater – Kind. Ein Mann und eine Frau heiraten, bekommen Kinder und bleiben zusammen, bis dass der Tod sie scheidet. Das ist das konservative »Naturgesetz«, aus dem auch die männliche Identität abgeleitet wird. Zu dieser gehört das unbewusste Bedürfnis, das eigene Geschlecht aufzuwerten, indem Weiblichkeit abgewertet wird. »Sich als einzelner Mann von dieser Konstruktion abzugrenzen ist schwer. Die Ambivalenz gegenüber Frauen prägt sich dem kleinen Jungen ein – und erfährt immer wieder Nachprägungen,« erzählt der deutsche Soziologe Rolf Pohl über seine Erfahrungen. Nach wie vor gilt hier die Formel: Das Leben ist nicht gerecht, und für die meisten Männer ist das gut so. Was sie eint, sind nicht die Status- und Rangkämpfe untereinander, sondern die Abgrenzung zu »den Frauen«. Kein Mann würde eine Frau sein wollen, aber findet es praktisch, dass es Frauen gibt.

Dieser Logik folgend ist es den Konservativen allerorts ein Dorn im Auge, wenn das Konzept der Geschlechterrollen hinterfragt wird. Sie wissen, dass mit der Kritik an den Biologismen auch ihr Familienbild unter Beschuss gerät. Schließlich untersucht die wissenschaftliche Geschlechterforschung die soziale Abhängigkeit von Rollenbildern. Es geht darum, abzustecken, inwiefern und wie stark soziale Normen festlegen, was innerhalb einer Gesellschaft als männlich und weiblich gilt. Es ist also kein Zufall, sondern konservatives Programm, dass die ungarische Orbán-Regierung Fächer wie »Gender Studies« diffamiert. Diese Studienrichtungen würden die »Fundamente der christlichen Familie« untergraben. »Gender-Mainstreaming« bedeute, dass Ideologinnen die männliche Identität zerstören wollten. Im Sinne des Regierungserlasses von 2018 können bereits begonnene Lehrgänge in Gender Studies zu Ende geführt werden, allerdings dürfen keine neuen mehr begonnen werden. Damit propagiert die Partei nicht nur erfolgreich ihr rückwärtsgewandtes Familien- und Geschlechterrollenbild, sondern verstärkt auch die Wahrnehmung ihrer Anhänger, dass an den Geschlechterbeziehungen nun einmal nicht gerüttelt werden soll.

Dieser Backlash beziehungsweise die Rückkehr konservativer Wertvorstellungen sowie die Einflussgewinnung von dahingehend orientierten Kräften greift nicht nur in Ungarn um sich. Er macht Maßnahmen wie das Gender-Mainstreaming zunichte, die eigentlich als politische Interventionen gedacht waren, um die Ungleichheit zwischen den Geschlechtern abzubauen. Obwohl die wenigsten wissen, worum es dabei eigentlich geht, hat es den schlechten Ruf der Gendertheorie bekommen, von dem es lediglich die Erkenntnis übernommen hat, dass die Geschlechterrolle auch (!) eine sozial hergestellte ist. Gender-Mainstreaming hat die Funktion, die Politik darauf hinzuweisen, dass sie manchmal unterschiedliche Auswirkungen auf die Geschlechter hat. Mit einer solchen Maßnahme könnte man Geschlechterrollen erweitern oder verfestigen.

Das Ziel, die Gleichstellung von Mann und Frau unter Berücksichtigung der geschlechtsspezifischen Lebensbedingungen und Interessen zu verwirklichen, scheint in weite Ferne zu rücken.

Die Zeiten sind komplex, komplizierte Theorien zur Erklärung ihrer Phänomene unerwünscht. Statt auf Prävention zu setzen, um Diskriminierung zu vermeiden, ruft man lieber die gute alte Frauenpolitik auf den Plan, die die ärgsten Ungleichbehandlungen abfedern soll, aber keine strukturellen Änderungen durchsetzen muss. Das Prinzip des Gender-Mainstreamings löst dort, wo es eingesetzt wird, viele Diskussionen aus. Das muss aber für eine funktionierende Demokratie nicht schlecht sein. Wer ein aufrichtiges Interesse daran hat, Ungleichheit zu minimieren, kann ein Prinzip wie Gender-Mainstreaming, das diese Ungleichheiten zur Debatte stellt, nicht schlicht ad acta legen. Das rechte, konservative und rechtspopulistische Spektrum bemüht sich, es als »Genderisierung« zu brandmarken. Ex-FPÖ-Präsidentschaftskandidatin und Parade-Biederfrau Barbara Rosenkranz schrieb sogar ein ganzes Buch über den »Gender-Wahn«.[11] Wenn man bedenkt, dass Gender-Mainstreaming seit 1997/1999 ein erklärtes Ziel der Europäischen Union ist, kann man ob der zögerlichen Verbesserungen nur den Kopf schütteln.

Dass es auch anders geht, beweist das Beispiel des Leitfadens des schwedischen Außenministeriums vom August 2018. Geschlechtergleichheit wird hier als »essenziell zum Erreichen sämtlicher Ziele der Regierung wie Frieden und Sicherheit« gesehen.

Außenministerin Margot Wallström verwies bei der Vorstellung des Handbuchs auf erste Erfolge der feministischen Außenpolitik: Im eigenen Ministerium waren 2016 vier von zehn schwedischen Botschaftern Frauen, vor zwei Jahrzehnten waren es nur zehn Prozent gewesen.

Frauenpolitik ist eben nicht gleich Frauenpolitik. Während die schwedische Außenministerin ein Handbuch für feministische Außenpolitik veröffentlicht hat, tanzt die österreichische Außenministerin mit dem russischen Präsidenten auf ihrer Hochzeit. So geschehen ebenfalls im August 2018, in der kleinen südsteirischen Gemeinde Gamlitz. Dass dieser »Arbeitshochzeitsbesuch des russischen Präsidenten« Irritationen im In- und Ausland hervorrufen würde, damit war wohl zu rechnen. Auch die Erklärung der Braut, dass dies eine rein private Hochzeitsfeierlichkeit gewesen sei, ist beim Anblick der Gästeliste wenig glaubwürdig. Normalerweise präsentieren sich auf einer »in erster Linie privaten Feier und des persönlichen Besuchs«[12] auch keine teils schwer bewaffneten Beamten. Dennoch war die außenpolitische Inszenierung nicht umsonst. Gewinner dieses Auftritts war in jedem Fall die russlandfreundliche FPÖ. Selbst Bundeskanzler Kurz störte sich nicht daran, mit dem Kreml-Chef das Auto zurück zum Flughafen zu teilen, ihm blieb »die Logik und die Absicht, ein so persönliches Fest auf diese Art und Weise politisch zu inszenieren und missbrauchbar zu machen«[13] im Gegensatz zu dem in die Bredouille geratenen ÖVP-Abgeordneten Othmar Karas nicht verschlossen.

Auch der Hinweis Putins, dass die Außenministerin besser spät als nie geheiratet hätte, unterstreicht, dass der russische Präsident weniger zur feministischen Speerspitze, sondern vielmehr zur konservativen Offensive gehört, die in Europa für eine Rückkehr zu »glorreicher« vergangener Größe wirbt.

RUSSLAND
UND DIE FRAUEN

Zwar ist die Gleichheit der Geschlechter in der Verfassung der Russischen Föderation verankert, doch Unabhängigkeit erwarten die russischen Männer von ihren Partnerinnen nicht. Nur zwei Prozent schätzen diese Eigenschaft, ergab eine Umfrage vor einigen Jahren. Dabei galt Russland einst als Vorreiter der Frauenbewegung. Noch vor der Oktoberrevolution 1917 errangen die Russinnen mit einem großen Marsch durch Sankt Petersburg das Wahlrecht. Als weltweit Erste erreichten Russlands Frauen die Legalisierung der Abtreibung.

Unter der Terrorherrschaft von Josef Stalin lösten sich die liberalen Errungenschaften in Luft auf. Bis jetzt gibt es kein Gesetz, das Maßnahmen gegen die Diskriminierung von Frauen gewährleistet, und das, obwohl in keinem Land der Welt so viele Berufe für Frauen verboten sind wie in Russland. Nicht nur die Position eines Zugführers in der U-Bahn bleibt Frauen verschlossen, auch eine russische Außenministerin ist in nächster Zeit nicht zu erwarten. Das Frauenbild der Ehefrau und Mutter wird vom Staat befördert. Das gefällt auch anderen konservativen Kräften wie der russisch-orthodoxen Kirche.

Putin traut sich auch 2018 offen, Frauen über ihre »natürliche« Rolle als Mutter und Hausfrau zu bestimmen. Ein Vorgehen, das auch die hiesigen Konservativen billigen. Sei es, dass die FPÖ die Ehe als »natürliche« Verbindung zwischen Mann und Frau mit dem klaren Willen, Kinder zu zeugen, verstanden haben will und daher im Zusammenhang mit der Erkenntnis des Verfassungsgerichtshofes (VfGH) zur »Ehe für alle« die heterosexuelle Ehe inklusive Kindersegen sachlich privilegiert sehen will. In der klassischen antiemanzipatorischen Sicht einer Partei wie der FPÖ geht es in der Ehe nicht »um die Gewährleistung des individuellen Glücks von Mann und Frau, sondern darum, deren ökonomische und sexuelle Verbindung auf das kollektive Interesse hin zu transzendieren«.[14] Also im Klartext: Die Gesellschaft will etwas von der Verbindung von Mann und Frau haben, am besten Kinder. Dass die Ehe von Karin Kneissl schon aus Altersgründen mit dieser Definition in Widerspruch steht, schien die anwesenden politischen Repräsentanten im Übrigen nicht zu stören.

Die New York Times titelte nach Kneissls Hochzeit: »The bride was a dream in a dirndl, but Putin stole the show«.[15] In diesem Sinne passte auch der tiefe Knicks der Außenministerin nach dem Tanz mit dem Ehrengast am »schönsten Tag ihres Lebens« perfekt zum Weltbild des erzkonservativen Kremlchefs Putin. Kontraproduktiv nannten es einige, dass die Braut nicht nur die »Gleichberechtigung nach österreichischem Standard«, sondern auch das »neutrale Österreich« während der Zeit seiner EU-Ratspräsidentschaft vorführte. FPÖ-Chef und Hochzeitsgast Heinz-Christian Strache fühlte sich folglich dazu berufen, Kritiker daran zu erinnern, dass der »höfliche Knicks von ihr nach dem Tanz« Teil des Faches »Erziehung und gutes Benehmen«[16] sei, mit dem »die 68er-Generation« offenbar auf Kriegsfuß stehe. Die Feministen, Liberalen und Andersdenkenden wüssten schlicht nicht, was sich gehöre. Oder an welchem Platz.

DAS UNGLEICHE
GESCHLECHT

„

Die Menschen werden ungleich geboren.
Der große Segen der Gesellschaft besteht darin,
diese Ungleichheit so weit wie möglich durch
die Beschaffung von Sicherheit,
des erforderlichen Eigentums, der Ausbildung und
des Beistands für einen jeden zu mindern.

JOSEPH JOUBERT

HERR BIEDERMANN MEINT:

WARUM *sollen jene, die etwas leisten, immer die Tachinierer finanzieren?*

WER *eine Frauenquote für die Karriere braucht, kann nicht kompetent sein.*

SEIT *meine Frau Teilzeit arbeitet, hat sie viel mehr Zeit für Kinder und Haushalt.*

GLEICHHEIT HAT einen furchtbar schlechten Ruf. Der hat sich vor allem aus dem Missverständnis entwickelt, dass Gleichheit postuliert, dass es keine Unterschiede zwischen Menschen gibt. Gegner der Gleichheit, seien es Rassisten, Sexisten, religiöse Fundamentalisten, werden nicht müde zu betonen, dass es einfach nicht wahr sei, dass wir Menschen alle gleich sind. Auch unsere Biedermänner bedienen sich dieses Taschenspielertricks. Und ja, einige von uns haben einen höheren Fettanteil, andere weniger IQ-Punkte, manche mehr als zwei Häuser zu vererben, wieder andere

Sommersprossen. Tatsächlich unterscheiden sich Menschen in so vielen Dingen voneinander, dass man auf der Suche nach einer Grundlage von faktischer Gleichheit verzweifeln mag. Als Individuen tun wir das sogar stärker als durch Religions-, Bildungs- oder Geschlechterzugehörigkeit. Eines jedoch haben wir trotz aller Unterschiede gemeinsam: nämlich Interessen, die wir berücksichtigt wissen wollen. Wohl oder übel ist die Tatsache, ein Mensch zu sein, unendlich viel wichtiger als alle Einzelheiten, die die Menschen voneinander unterscheiden.

Selbst die konservativsten unter den Biedermännern werden schwer dagegen argumentieren können, dass wir alle wesentliche Interessen teilen – »wie das Interesse, Schmerzen zu vermeiden, unsere Fähigkeiten zu entfalten, die Grundbedürfnisse nach Nahrung und Obdach zu befriedigen, liebevolle persönliche Beziehungen zu genießen, frei zu sein, um eigene Pläne ungestört zu verwirklichen und vieles andere«.[17] Was sie zu konservativen und wirtschaftsliberalen Brandstiftern macht, ist aber, dass sie bestreiten, dass die Interessen aller gleich viel wert sind. Es gelingt ihnen auf diesem Weg zum Beispiel, Mittel- und Unterschicht gegeneinander auszuspielen. Populisten betonen beispielsweise ständig, die Interessen der »Leistungsträger« müssten gegenüber den »Leistungsverweigerern« gewahrt werden. Und wer zu den selbigen zählt, entscheiden sie.

Leistungsträger wären nach dieser Logik also automatisch die im Allgemeinen besser verdienenden, weil für den Arbeitsmarkt besser verfügbaren Männer, die »Leistungsverweigerer« – die weniger verdienenden, generell kinderbetreuungspflichtigen und arbeitstechnisch nicht frei verfügbaren Frauen. Die türkis-blaue Regierung hat sich 2017 in ihr Programm geschrieben: »Die Verschiedenheit von Mann und Frau zu kennen und anzuerkennen, ist ein Bestandteil menschlichen Lebens und damit unantastbar mit der Würde des Menschen verbunden.«[18] Wenn wir eines aus der Philosophie lernen können, dann das, dass kein Weg vom Sein zum Sollen führt. Auf das aktuelle Beispiel übersetzt heißt das: Diese

»Verschiedenheit von Mann und Frau« führt nicht zwingend dazu, dass wir die Interessen der einen (in dem Fall der Männer) den Interessen der anderen (Frauen) vorziehen dürften. Gleichheit ist ein moralisches Prinzip, nicht eine Tatsachenbehauptung.

Das Prinzip der Gleichheit bedeutet nicht, dass wir alle in allem gleich sein müssen, aber dass wir die Interessen aller gleichwertig abwägen müssen.

Was behaupte ich also berechtigterweise, wenn ich sage, dass Männer und Frauen »gleich« sind? Zunächst einmal ist zu sagen, dass bestimmte Unterschiede zwischen Männern und Frauen immer bestehen bleiben. »Ihre Beziehungen zum eigenen Körper, zum männlichen Körper, zum Kind werden nie identisch mit denen sein, die der Mann zu seinem Körper, zum weiblichen Körper, zum Kind unterhält.«[19] Wenn die Rede von der »Gleichheit in der Unterschiedlichkeit« ist, dann wäre es lächerlich zu behaupten, so Beauvoir, dass es »keine Ekstase, keine Leidenschaft mehr geben« würde, nur weil Mann und Frau einander konkret gleichgestellt würden, sondern es würde nur bedeuten, dass ihre Interessen im gleichen Maß berücksichtigt werden müssen. In dieser Argumentation ist nicht entscheidend, dass jeder das Gleiche ist oder hat, sondern dass jeder seinen Interessen gemäß genug hat. Wer allerdings beurteilen soll, wann jemand genug hat, bleibt offen und öffnet der Willkür Tür und Tor.

Diejenigen Frauen, die sich an der konservativen Politik beteiligen, werden zu Komplizinnen der Biedermänner, die die Interessen einiger (der Gutverdienenden) jenen der schlechter Verdienenden oder Arbeitslosen, die der Männer jenen der Frauen, die der Unternehmen jenen der Arbeitnehmer vorziehen – und damit auch gleich die Ungleichheit der Geschlechter zementieren. Diesen Biederfrauen entgeht, dass es keinen logisch zwingenden Grund gibt, behauptete oder faktische biologische und soziale Unterschiede in den Fähigkeiten zweier Menschen heranzuziehen, um die Bevorzugung der einen vor den anderen Interessen rechtfertigen zu können. Die Biologie reicht bei Weitem nicht aus, um eine Antwort auf die Frage zu geben, warum die Frauen seit jeher das »ungleiche Geschlecht« sind. Schließlich hängen die Möglichkeiten der einzelnen Frau wie bei jedem Menschen nicht nur von ihren Geschlechtsorganen, sondern von ihrer ökonomischen und sozialen Situation ab.

WENIGER RESSOURCEN, WENIGER MITSPRACHE?

Wer dominiert also die Wirtschaft? Wer dominiert in der Politik? Wer bekommt Leistungen in Form von Geld oder Zuwendung und welches Geschlecht wird eher diskriminiert? Selbst in den privaten, emotionalen Beziehungen gibt es eine sehr starke Ausprägung männlicher Vorherrschaft, stellt die australische Soziologin Raewyn Connell fest. Frauen werden ungleich behandelt, mit schwerwiegenden Folgen für demokratische Gesellschaften. Politikwissenschaftler Armin Schäfer wies 2010 in einer Studie nach, dass sich soziale Ungleichheit negativ auf die Demokratie auswirkt, vor allem, wenn es darum geht, gerechte Entscheidungen für alle zu treffen oder diese vorzubereiten. Strukturelle soziale Ungleichheit führt dazu, dass sich die diskriminierten Gruppen nicht an den Prozessen beteiligen können, was dazu führt, dass die Ungleichheiten zementiert werden.

Was passiert also konkret, wenn Teilen der Bevölkerung die Mittel zur Teilhabe fehlen? Die Hoffnung, durch politisches Engagement und kollektives Handeln die eigene Situation verbessern zu können, ist der egalitäre Kern demokratischer Herrschaft. Schwindet die Hoffnung, sinkt die Wahlbeteiligung. Je ungleicher ein Land ist, desto niedriger fällt diese aus, desto geringer sind Institutionenvertrauen und Demokratiezufriedenheit. Wir mögen zwar formale politische Gleichheit genießen, diese ist aber durch die zunehmende materielle Ungleichheit gefährdet. Ob in den USA, Deutschland oder Österreich: »In der Forschung herrscht zudem weitgehend Einigkeit, dass sich nicht die Unzufriedenen oder sozial Benachteiligten engagieren, sondern vielmehr ressourcenstarke Bevölkerungsteile.«[20]

Nun sind aber nicht nur finanzielle Ressourcen damit gemeint, sondern auch immaterielle wie Bildung und Selbstwirksamkeit. Wenn ich nicht glaube, dass ich mich wirksam einbringen kann, werde ich es auch nicht versuchen, ebenso wenig, wenn ich zu wenig politische Bildung habe, um zu wissen, wo und wie ich es könnte. Wenn ich zu wenig finanzielle Ressourcen habe, werde ich weder Zeit noch Raum finden, um mich beteiligen zu können. Damit ist das Ethos der Demokratie, alle Interessen gleich zu berücksichtigen und die gemeinsamen Ressourcen entsprechend aufzuteilen, in der Bredouille. Wenn die liberale Demokratie heute in einer tiefgehenden Krise ist, kann uns das nicht egal sein. Sie, auf die insbesondere Europa so stolz war, versuchte, demokratische Institutionen mit einem kulturellen Pluralismus und größtmöglicher individueller Freiheit zu verbinden. Dinge, die heute nicht mehr zwingend als politisches Ideal gelten.

Nicht jedes außereuropäische Land eifert den europäischen Demokratien nach, die sich moralisch nicht als überlegen bewiesen haben. Der Zweifel an der Gerechtigkeit demokratischer Systeme wächst weltweit, wie man an den Ergebnissen internationaler und nationaler Wahlkämpfe sieht. Man mache sich nichts vor: Die demokratische Strahlkraft hat deutlich abgenommen und in Europa nicht erst durch die Flüchtlingskrise von 2015. Mithilfe dieser Krise schafften es allerdings die Brandstifter, den Fokus sozialer Ungleichheit zu einer exklusiven Frage zwischen Einheimischen und »den Fremden« zu machen. Im Angesicht dieser

verlören die Ansprüche von Menschen mit Migrationshintergrund, Frauen in prekären Arbeitsverhältnissen, Alleinerziehern
und von Altersarmut Betroffener an Bedeutung.

Das heißt übrigens nicht, dass diese Ungleichheiten nicht
mehr weitergeführt würden. Sie blieben nicht nur in der analogen Welt, sondern sogar in der digitalen erhalten. Ein Beispiel aus
Österreich vom Oktober 2018 zeigt dies deutlich: Die Entschei-
dungsfreiheit der Berater des Arbeitsmarktservices (AMS) soll
zukünftig stärker beschnitten werden. Geht es nach den Plänen
der türkis-blauen Regierung, entscheidet zukünftig auch ein Algorithmus darüber mit, wer Betreuungszeit und Fördergeld in
welchem Ausmaß bekommt. Konkret bedeutet das für die Ar-
beitssuchenden: Manche werden gefördert, andere quasi aufge-
geben, wobei das als »objektive« Computerentscheidung verkauft
werden soll.

Optimisten hoffen, dass Computer objektiver und effizien-
ter agieren als menschliche Berater. Aufreger der türkis-blauen
Regierungspläne ist aber nicht, dass Computer diese Entscheidungen übernehmen sollen, sondern dass die Algorithmen automatisch weniger Punkte für Frauen (ob ohne und mit Kindern),
Behinderte und Menschen über 50 errechnen. So starten Ar-
beitssuchende über 50 gleich einmal mit einem Minus von
0,7 Punkten. Beeinträchtigte Menschen erhalten ein Minus von
0,67 Punkten. Frauen werden gleich doppelt benachteiligt: Sie
erhalten zunächst allein aufgrund ihres Geschlechts einen Abzug
von 0,14 Punkten. Außerdem werden für Betreuungspflichten
nochmals 0,15 Punkte abgezogen. Pikant ist an diesem letzten
Abzug, dass der AMS-Algorithmus dieses Minus nur für Mütter,
nicht aber für Väter vorsieht. Auf Nachfrage des österreichischen
Nachrichtenmagazins *profil* 43/2018 betonte das AMS, dass es
»nicht schuld an dieser gesellschaftlichen Benachteiligung«[21]
wäre. Die Zahlen spiegelten lediglich wider, dass es Frauen am
Arbeitsmarkt eine Spur schwerer hätten – und schlimmsten-

falls auch weniger leicht eine teure Weiterbildung erhielten. Weiterbildung bedeutet allerdings auch bessere Chancen, besser bezahlte Jobs zu bekommen. Die fallen Frauen dann noch schwieriger zu als jetzt schon.

Algorithmen sind nicht objektiv und fair, sondern sie rechnen im Interesse der jeweiligen politischen und wirtschaftlichen Fragesteller. In sie fließen nicht nur die Vorurteile der türkis-blauen Biedermänner ein, sondern auch ihre Werte.

Schon allein deshalb muss die Frage, ob wir als Gesellschaft und Einzelpersonen tatsächlich von Maschinen beurteilt werden wollen, Gegenstand gesellschaftlicher Auseinandersetzungen werden. Wir müssen im Kopf behalten, dass diese algorithmischen Empfehlungen nie neutral und unabhängig von ihren Entwicklern und Auftraggebern sind. Sie führen die Ungleichheiten der analogen Welt digital fort.

Es war schon davon die Rede, dass sich systematische Ungleichheit wie im Falle des AMS-Algorithmus negativ auf die Beteiligung der sozial schwächeren Gruppen in demokratischen Prozessen auswirkt. Um etwas für ihre Anliegen verändern zu können, müssten sich aber gerade diese Gruppen vermehrt beteiligen. Wenn tragende Säulen unserer Lebensform ins Wanken geraten, von denen wir bisher trotz aller Krisen angenommen haben, dass sie eine bestimmte Stabilität bieten, hat das schwerwiegende Folgen für all jene, die von diesen funktionierenden Säulen besonders abhängig sind. Diese Ungleichbehandlung betrifft, wie wir gesehen haben, in diesem Fall alle Frauen. Ihnen wird pauschal unterstellt, geringere Chancen zu haben als Männer. Statt dieses reale Ungleichgewicht auszubalancieren, werden mithilfe solcher Algorithmen ungerechte Entscheidungen reproduziert.

Ein schönes Beispiel, wie es auch anders geht, findet sich in Philippe Narvals Buch »Die freundliche Revolution«. Er beschreibt darin, wie die polnische Stadt Zdank ein Zufallsverfahren für ihren Bürgerrat einrichtete, und die damit eingeladenen Bürger und Bürgerinnen auch für ihre Teilnahme bezahlt. Damit konnten sie sicherstellen, dass sich auch sozial weniger gut gestellte Gruppen gleichberechtigt einbringen konnten, die ansonsten vielleicht aus finanziellen und beruflichen Gründen hätten fernbleiben müssen.[22]

UNDANK IST DER WELT LOHN

Mit der politischen Gerechtigkeit ist es nicht weit her. Wie stark unser Verständnis von Gerechtigkeit von unserer Sozialisierung beeinflusst ist, zeigt die Debatte um die Lohnungerechtigkeit zwischen berufstätigen Männern und Frauen. Warum wir weniger Lohn für die gleiche Arbeit oder längere Arbeitszeiten für die gleiche Entlohnung bei erwachsenen Frauen akzeptieren? Womöglich, weil wir es einfach nicht anders gelernt haben. Wenn wir über das Thema Lohngerechtigkeit reden, sollten wir uns dringend ansehen, wo und wie wir sozialisiert werden und lernen, was »normal« ist: im Elternhaus. Dort gibt es oft noch immer signifikante Unterschiede zwischen Mädchen und Buben, wenn es darum geht, wer wie viel tun muss und was dafür bekommt. Aktuelle Studien zeigen deutlich, dass die Basis für die finanzielle Ungleichbehandlung bereits in der Herkunftsfamilie gelegt wird.

Dürfen wir hoffen, dass das nur zufällig passiert? Wohl eher nicht, wie eine Ende Juni 2018 veröffentlichte Untersuchung der US-Taschengeld-App *BusyKid* nahelegt. Sie zeigt, dass die Unterschiede zum Beispiel schon beim Taschengeld oft gewaltig sind. Eltern oder Großeltern können über die App den Kindern Taschengeld überweisen, aber ihnen auch Aufgaben zuteilen und sie nach deren Erledigung »entlohnen«. Aufgrund der ausgewerteten Daten wurde sichtbar, dass Buben im Jahr 2018 mehr als doppelt so viel Taschengeld wie Mädchen erhielten. Der durchschnittliche Betrag für fünf- bis 17-jährige Buben beträgt 13,80 Dollar (ca. 12,13 Euro) pro Woche, der der Mädchen dagegen mit 6,71 Dollar nicht einmal die Hälfte davon. Was lässt sich aus dieser Auswertung ableiten? Daraus zu schließen, Mädchen wären fauler oder würden weniger arbeiten, trifft laut der Datenlage nicht zu. Vielmehr haben sie mehr Haushaltspflichten zu erfüllen, für die sie schlechter entlohnt werden. Aus den Zahlen lässt sich klar ableiten, dass bereits die Kindheit das Spiegelbild der real existierenden Verhältnisse der Erwachsenen ist. Buben bekommen mehr Taschengeld als Mädchen und müssen dafür weniger in Familie und Haushalt mithelfen. Das gilt nicht nur für die USA, sondern wird auch durch Erhebungen aus europäischen Ländern bestätigt. Auch die vermeintlich so aufgeklärten, emanzipierten und fortschrittlichen westlichen Länder leben ihre viel gerühmte »Verteilungsgerechtigkeit« nicht einmal gegenüber ihren Kindern.

Auch wenn wir uns im ersten Moment darüber empören, die meisten von uns scheinen diese mehr oder minder kleinen Ungerechtigkeiten im Alltag nicht zu stören. Die wenigsten glauben noch daran, dass wir alle ein gutes Leben haben können. Wir akzeptieren längst die Rechnung, dass aus unserer Ungleichheit Ungleichbehandlung abgeleitet wird. Soziale Ungleichheiten sind nur dann unbeliebt, wenn es dafür subjektiv keinen Grund gibt. Wenn jemand unserer Meinung nach mit Recht mehr bekommt als der andere, haben wir eher etwas gegen die unbedingte Gleichheit als gegen Ungleichheit.

Wir haben die schlechte Angewohnheit, dass für uns Ungerechtigkeit nur dann eine Rolle spielt, wenn wir selbst von ihr betroffen sind. Also immer dann, wenn wir uns ungerecht behandelt fühlen.

Grundlegend für alle Emanzipationsbestrebungen scheint ein gewisses Gerechtigkeits- beziehungsweise Ungerechtigkeitsempfinden in uns zu sein sowie der Wunsch, dass das Gleichheitsprinzip gewahrt bleibt und wir mit gleichem Maß gemessen werden. Dabei ist schwer zu sagen, was denn »gerecht« wäre. Unser eigenes Gefühl ist trügerisch, man könnte sogar sagen der Ursprung allen Übels. Gerechtigkeit – ein Wort, das geradezu inflationär gebraucht wird? Kein Wahlkampf, keine geistige oder weltliche Macht kommt ohne diesen Ausdruck aus. Aber wissen wir eigentlich, wovon wir sprechen? Was ist denn »Gerechtigkeit«? Was würde passieren, wenn wir sie als gesellschaftlichen Wert gleich ganz fallen ließen? Was ist sie eigentlich, außer ein Begriff, über den die ganze Zeit gesprochen wird und von dem Kant in seiner »Metaphysik der Sitten« sagt: »Wenn die Gerechtigkeit untergeht, so hat es keinen Wert mehr, dass Menschen auf Erden leben.«

Normalerweise schaffen wir es leichter, Beispiele zu finden für etwas, das uns ungerecht erscheint. Was ist also »ungerecht«? Es ist ungerecht, wenn Manager trotz anscheinend schlechter Leistung Millionenabfindungen kassieren. Dem würden wohl viele zustimmen. Ungerecht finden viele auch, dass die größten Konzerne oft den letzten Trick anwenden, um möglichst wenig Steuern zu zahlen. Dagegen wirkt es unfair, wenn Berufe mit großem persönlichem Engagement wie Krankenschwestern, Altenpfleger oder Tagesmütter nur den Dank ihrer Schützlinge bekommen sollen, ansonsten aber wenig oder im privaten Umfeld gar kein Gehalt. Solche Diskrepanzen mit vernünftigen Argumenten zu rechtfertigen fällt Einzelpersonen und Institutionen schwer und erscheint uns damit als ungerecht. Aber die Perspektive der gerechten Güterverteilung ist hier ohnehin nicht ausreichend.

DIE VIELEN GESICHTER DER GERECHTIGKEIT

Vom philosophischen Standpunkt aus gibt es drei grundlegende Ansätze, wie Gerechtigkeit angewendet werden kann.

VERTEILUNGS-GERECHTIGKEIT

Mit ihr wird argumentiert, dass jedem Bürger eines Gemeinwesens das zugeteilt werden soll, was ihm gebührt, vor allem durch gerechte Güterverteilung. Das funktioniert, so lange wir ausreichend Güter zur Verfügung haben. Aber ein Problem bliebe dennoch: Wie können wir feststellen, was jemandem gebührt?

Eine gleiche Verteilung bei gleicher Leistung ist nicht immer gerecht. Nehmen wir dafür das klassische Beispiel einer Alleinerzieherin, die nur Teilzeit arbeiten kann, weil sie auch noch ihre Kinder betreuen muss. Infolgedessen verdient sie nicht nur weniger als ihre Kolleginnen in Vollzeit, sondern sowieso weniger als ihre männlichen Kollegen. Sie kann daher weniger Einkommensteuer bezahlen und weniger in ihre Pensionsvorsorge investieren. Und das, obwohl sie mit der Kinderbetreuung einen wesentlichen Dienst für die Aufrechterhaltung unseres Systems leistet.

Ist es also gerecht, dass diese Frau und ihre Familie weniger vom sogenannten »Familienbonus« profitieren werden, den die ÖVP-FPÖ-Regierung im Juli 2018 beschlossen hat? Mit diesem steht mit 1. Jänner 2019 einer Familie bis zu 1.500 Euro Steuergutschrift pro Kind und Jahr zu, was sie allerdings nur nützen kann, wenn ein Familienmitglied vorher ausreichend Einkommensteuer bezahlt hat. Das träfe auf gering verdienende Alleinerziehende nicht zu. Obwohl sie ihre Leistungen erbringen, profitieren nicht alle gleich von der Verteilung. Dabei gibt es keinen Grund dafür, weshalb Menschen mit ohnehin schon höherem Einkommen »belohnt« werden sollten, während die, die ein größeres Bedürfnis nach Entlastung hätten, »bestraft« werden. Das hat sogar die türkis-blaue Regierung nach medialen Wirbeln einsehen müssen und den Steuerbonus dahingehend ergänzt, dass gering verdienende Alleinerziehende ebenfalls eine zusätzliche Leistung erhalten. Für sie ist eine Entlastung in der Höhe von zumindest 250 Euro pro Kind vorgesehen.[23] Am letzten Beispiel sieht man klar, dass Verteilungsgerechtigkeit nicht der Weisheit letzter Schluss sein kann. Hier spielt ein weiteres Moment hinein:

SOZIALE GERECHTIGKEIT

Was wir als gerecht empfinden, liegt an den gesellschaftlichen Vereinbarungen, die in soziale Verfahrensregeln oder Normen gegossen worden sind. Entscheidend ist, ob die Regel, nach der verteilt wird, allgemein anerkannt ist.

Gerechtigkeit nur auf »Leistung« zu reduzieren ist nicht gerecht. Vor allem, wenn wir nicht einmal wissen, welche Leistungen überhaupt gemeint sind. Im Familienbonus-Beispiel wäre die Leistung, eine bestimmte Höhe an Einkommensteuer gezahlt zu haben. Aber in diese Berechnung fließt nicht die unbezahlte Betreuung der Kinder mit ein, die es der Alleinerzieherin unmöglich macht, mehr zu arbeiten. Auch bleibt unberücksichtigt, dass die Entlohnung von Teilzeitarbeit oft kaum zum Überleben einer Familie reicht und viele Frauen in die Altersarmut schlittern. Ihre »Leistungen« reichen immer öfter nicht dazu aus, ihren Lebensunterhalt bestreiten zu können.[24]

Wie aber kann es sein, dass Menschen, die für ihren Lebensunterhalt arbeiten oder Sorgearbeit übernehmen, mehr schlecht als recht ihr Dasein fristen? Ist es sozial gerecht, sie dafür zu bestrafen, dass sie nicht die Fähigkeiten oder Gelegenheiten hatten, andere berufliche Positionen zu bekommen, die finanziell besser entlohnt werden? Diente das demokratische Ringen um Gerechtigkeit ursprünglich nicht dazu, die ungleichen Chancen zu kompensieren, die durch wirtschaftliche und politische Ausbeutung und Herrschaftsverhältnisse entstanden waren? Ziel der sozialen Gerechtigkeit war es, die Gesellschaft zusammenzuhalten. Die regierenden Biedermänner weichen der Frage, ob es nicht auch den gerechten Anspruch auf Anerkennung und Würde ohne Leistung gibt, konsequent aus, während die Brandstifter diesen Anspruch kategorisch ablehnen.

Die letzte Frage führt uns zur dritten Anwendung gerechten Handelns:

POLITISCHE GERECHTIGKEIT

Wenn das Ringen um Gerechtigkeit wesensbestimmend für das *zoon politikon* (das politische Wesen Mensch) ist, wie es Aristoteles behauptet, dann ist der Mensch politisch, weil er Sprache besitzt, die das Gerechte und Ungerechte zu einer Sache der Gemeinschaft machen kann. Für das Individuum allein, im luftleeren Raum, ist der Begriff »Gerechtigkeit« so sinnlos wie das Ringen darum. Das Ziel aller Emanzipationsbestrebungen ist es, gerechte Lösungen zu finden und asymmetrische Positionen durchlässiger zu machen.

Was gutes Leben ist, bestimmt sich dadurch, was für Voraussetzungen von der Politik dafür geschaffen wurden. Sei es mithilfe von Quoten, Mindestlöhnen oder Gesetzen wie der »Ehe für alle«. Damit diese Lösungen als »gut« anerkannt werden, müssen sie möglichst viele Beteiligte für einigermaßen gerecht halten. Da Gerechtigkeit immer in bestehende sozioökonomische Machtverhältnisse eingebettet bleibt, ist es ein langwieriger Prozess, die Interessen aller im gleichen Maß durchzuboxen.

Der Kampf um das Frauenwahlrecht in Österreich zeigt anschaulich, dass aktiver Protest notwendig ist, um an den Verhältnissen etwas zu ändern. Die damalige Lebenssituation der

Arbeiterinnen und Arbeiter und die fehlende Legitimation ihrer politischen Ungleichbehandlung forderte politische Gerechtigkeit ein.

Nachdem der Erste Weltkrieg die Lebensbedingungen der österreichischen Arbeiterinnen wesentlich verschlechtert hatte, brach im Hungerwinter 1916 die Nahrungsmittelversorgung zusammen, was zu einer Reihe von Plünderungen und kleineren Streiks führte.

Die Unruhen schwelten im Kriegsverlauf weiter und gipfelten schließlich im Jänner 1918 im größten Streik der österreichischen Geschichte: In Tausenden Betrieben wurden Delegierte gewählt, welche für die Organisation des Streiks und die Formulierung der Forderungen an die Arbeitgeber zuständig waren. Daran waren auch Arbeiterinnen beteiligt, im Zuge spontaner Rätewahlen waren sie auch erstmals in den demokratischen Prozess integriert.«[25]

Diese fehlende Anerkennung rief bei den Arbeiterinnen noch mehr politischen Widerstand hervor. Ihnen war durch die Hungerproteste 1916 bewusst geworden, welch entscheidenden Einfluss sie auf den Jännerstreik 1918 ausgeübt hatten und dass sie auch weiterhin politisches Gewicht haben würden. Hätten bei den Wahlen zur Konstituierenden Nationalversammlung am 16. Februar 1919 nur Männer abstimmen dürfen, hätte das Parlament in den Augen der Arbeiterinnen keinerlei Legitimation gehabt und eine erneute Revolution wäre wahrscheinlich gewesen.[26] Genau das wollten die Christlichsozialen, die Vorgängerpartei der heutigen ÖVP, verhindern und gaben den Forderungen der Linken nach dem Frauenwahlrecht nach. So wurde das erste von Frauen und Männern in freier und gleicher Wahl berufene Parlament in der Geschichte Österreichs gewählt.

Die Anwendung von politischer Gerechtigkeit »fordert von uns nicht, persönliche Beziehungen und parteiische Gefühle auszuschalten, vielmehr, sobald wir handeln, die moralischen Ansprüche derer, die von unseren Handlungen betroffen sind, unabhängig von unseren Gefühlen ihnen gegenüber abzuschätzen.«[27] Wenn

Philosophen wie John Rawls die Frage stellen, für welche Gerechtigkeitsgrundsätze sich freie und vernünftige Menschen in einer fairen und gleichen Ausgangssituation in ihrem eigenen Interesse entscheiden würden, erscheint uns das beinahe utopisch. Aber folgen wir trotzdem kurz Rawls' Ansatz, der Gerechtigkeit als Fairness sieht, also als »Verfahrensgerechtigkeit«.

Rawls ist bescheidener als andere Theoretiker, denn er fordert nicht formale Chancengleichheit, also gleiches gesetzliches Recht auf vorteilhafte soziale Positionen wie Frauenquoten, sondern einfach »faire Chancen«. Das hieße demzufolge, dass Menschen mit ähnlichen Fähigkeiten ähnliche Lebenschancen haben sollten. Gibt es diese Art von Chancengerechtigkeit in einer Gesellschaft, so würden die Menschen ihren Gerechtigkeitssinn automatisch erwerben können. Sie wollen dann automatisch gerecht handeln, so Rawls. Als gerechter Mensch würde also nicht einfach derjenige gelten, der keine Ungerechtigkeit begeht, sondern derjenige, der auch *wenn* er ungerecht handeln könnte, es nicht tut. Jeder Mensch wird seine Interessen über Macht zu verwirklichen versuchen. Um mehrheitlich gerechte Lebensumstände zu erreichen, wären nicht nur Demokratisierung, friedliche Verhältnisse, die Liquidierung von Rollenstereotypen und eine ausgeglichene ökonomische Entwicklung Voraussetzung, sondern auch die Bereitschaft, die Rechtfertigungen unserer Geschlechterverhältnisse einer dauerhaften Kritik zu unterziehen.

Dabei kann Handeln, weder gerechtes noch ungerechtes, jemals völlig unabhängig von der biologischen Verfassung betrachtet werden. »Der Grundimpuls gegen die Ungerechtigkeit ist nicht der des Etwas- oder Mehr-haben-Wollens, sondern der, nicht mehr beherrscht, bedrängt oder übergangen werden zu wollen. Dieser Anspruch enthält die Forderung, dass es keine politischen oder sozialen Verhältnisse geben soll, die gegenüber den Betroffenen nicht adäquat gerechtfertigt werden können.«[28] Das wäre die wahre Pointe der Gerechtigkeit!

Viele der Linken und Liberalen wähnten sich schon kurz davor. Dann kam die Finanzkrise von 2008, die die soziale und wirtschaftliche Ungleichheit verstärkte, auch die zwischen den Geschlechtern. Sie unterstützte den Widerstand vieler konservativer Männer gegen eine gleichberechtigte Aufgabenteilung und die Gleichheit der Geschlechter. Eine der Folgen war, dass sich der *Gender Pay Gap* nicht schloss, sondern Frauen heute noch immer deutlich weniger verdienen als Männer.

IMMER DAS KLEINE ENDE VON DER WURST?

Während der Gender Pay Gap im europäischen Durchschnitt bei 16,2 Prozent liegt, verdienen Österreicherinnen 20,1 Prozent weniger als Österreicher, deutsche Frauen rund 21 Prozent weniger als deutsche Männer. Diese traurigen Zahlenspiele lassen sich fortsetzen. So zählte der Deutsche Bundestag nur noch 30,7 Prozent Frauen – so wenig wie zuletzt vor 16 Jahren, das österreichische Parlament hat einen Frauenanteil von gerade 35,5 Prozent. (Stand 2018)

Die Statistiken zeigen nur einen kleinen Ausschnitt der Auswirkungen der bestehenden hegemonialen Männlichkeit auf unterschiedlichste Lebensbereiche, sie verdeutlichen aber, dass in der Regel Männer jene Machtpositionen innehaben, die Leistungen bringen und auch finanziell entsprechend honoriert werden. Ganz im Gegensatz zu den Frauen, die die zumindest gleichen Leistungen zu ungleichen Bedingungen (zum Beispiel Doppel-, Dreifachbelastungen, Schwangerschaften, Geburt ...) erbringen müssen. Dabei ist es unmöglich, wie Simone de Beauvoir argumentiert, die Schwangerschaft einfach mit einer Arbeit oder etwa dem Militärdienst gleichzusetzen:»Im Geschlechtsakt und in der Mutterschaft setzt die Frau nicht nur Zeit und Kräfte, sondern wesentliche Werte ein.«[29] Man stelle sich vor, man würde *alle* ihre Leistungen staatlich entgelten müssen.

Könnten wir uns Geschlechtergerechtigkeit überhaupt leisten, wenn wir es wollten? Was kostet uns die Frau?

Diese Frage ignorierte die Politik lange Zeit. Selbst die Einführung des Frauenwahlrechts in Deutschland und Österreich 1918 schaffte es nicht, für die weiblichen Staatsbürger die gleiche Anerkennung wie für die männlichen zu etablieren. Auch das Versprechen an die Frau als vollwertige Bürgerin, dass sich die Geschlechterbeziehungen zumindest zukünftig fair gestalten werden, konnte sie bis zum heutigen Tag nicht einlösen. Noch in den 1970er-Jahren wurde die Wählerin vor allem als glückliche Hausfrau und Mutter dargestellt. Ein partnerschaftliches Verhältnis wurde nur selten – und das nur von den damaligen»Linksparteien« wie der KPÖ – abgebildet. Die »etablierten Parteien« (SPÖ, ÖVP und die jüngere FPÖ) änderten ihre Wahlkampfwerbung erst, als die damalige Frauenbewegung das tradierte Rollenbild aufzubrechen drohte und neue Parteien wie die Grünen und das Liberale Forum die faire Geschlechterdemokratie auf ihre Agenda setzten. Was uns deutlich zeigt, dass »keine moralische Grenzlinie gesichert sein kann, wenn sie willkürlich gezogen wurde.«[30] Und die Grenzlinie zwischen den Geschlechtern ist eine willkürliche! Es ist besser, eine zu finden, die sich offen und aufrichtig verteidigen lässt.

IST DIE FRAUENQUOTE GESCHLECHTERGERECHT?

Der FPÖ, die im oberösterreichischen Landtagswahlkampf 2015 mit einer reinen Männermannschaft ins Rennen ging, seien regionale Gegebenheiten immer wichtiger gewesen als geschlechterspezifische Regeln. Er habe »kein Frauenproblem«, lautete das Statement des oberösterreichischen FPÖ-Politikers und nunmehrigen Landeshauptmannstellvertreters Manfred Haimbuchner. Er gesellte sich mit einer Frauenquote von satten null Prozent zu einer ÖVP-FPÖ-Landesregierung in Oberösterreich. Da glaubt keiner mehr das Märchen, dass sich Frauen vor politischer Verantwortung scheuen und nur deshalb nicht repräsentiert würden. Beispiele wie diese bestätigen aber die Vermutung, dass Geschlechterparität nur annähernd eingehalten wird, wenn es gesetzlich vorgeschriebene Quoten samt empfindlichen Strafen für jene Parteien gibt, die sie untergraben.

Die Einwände des politischen Mitte-Rechts-Spektrums, dass staatliche Eingriffe wie die Quote zu »diktatorischen Matriarchaten« führen würden, werden bei einem Blick ins benachbarte Ausland Lügen gestraft. In vielen Staaten Europas wird es längst sanktioniert, wenn Frauen in der Politik allzu unterrepräsentiert sind. In Frankreich und Portugal müssen die Parteien mit der Kürzung von Subventionen rechnen, während die Wahlkommissionen in Spanien und Belgien Listen mit zu geringem Frauenanteil für nichtig erklären können. Aber auch in Osteuropa sind sie Österreich und Deutschland voraus: In Slowenien wurde einer neuen Partei das Recht auf TV-Präsenz gestrichen, weil ihr Frauenanteil zu niedrig war. In Serbien droht deshalb der Ausschluss von Wahlen *und* die Kürzung staatlicher Gelder. Wer meint, dass solche Maßnahmen äußerst übergriffig sind, übersieht oder unterschlägt, wie unglaublich effektiv sie sind.

Wie es die Biedermänner auch drehen und wenden: Die gesetzliche Frauenquote kann die eingefahrenen Repräsentationsverhältnisse ändern. Freiwillig – ohne Druck der Öffentlichkeit und der Quote – wird die Erhöhung des Frauenanteils nicht passieren, das zeigen die Zahlen der letzten Jahre. Andererseits war auch nicht zu erwarten, dass sich die Gesamtheit der Männer nun der Gesamtheit der Frauen gegenüber plötzlich solidarischer verhält, nur weil sich Politik und Gesellschaft progressiver geben. Schließlich fällt für jede Frau, die kommt, ein Platz weg, auf dem vorher ein Mann gesessen ist. Wir mögen zwar nicht mehr in einem Patriarchat leben, in dem es nicht akzeptabel ist, dass eine Frau auf dem Kanzlersessel sitzt, dennoch leben wir in einer männlich dominierten Gesellschaft mit klaren Geschlechterhierarchien, denen die Frauen im Berufs- und Privatleben entsprechen müssen.»Der überwältigende Teil der Bevölkerung lebt nach dem traditionellen Modell, das von den klassischen Geschlechterrollen bestimmt ist. Während die Männer berufs- und karriereorientiert vorgehen ... ist die Priorität der Frauen, weder die Familie noch der Beruf, sondern beides, Familie und Beruf, zu vereinbaren.«[31]

Vereinbarkeit ist reine Frauensache: Dieser steht eine volle Berufstätigkeit im Weg, die an der Dauer der Präsenz am Arbeitsplatz gemessen wird. Dass an der leidigen Präsenzpflicht, die im digitalen Zeitalter wirklich keine praktische Notwendigkeit mehr ist, kaum gerüttelt wird, liegt nicht an rationalen Überlegungen. Sie zeigt aber, dass der Pferdefuß der Frauenquote ist, dass sie vorzugsweise die kinderlosen Frauen fördert. Von nun an wird nicht mehr zwischen Frauen und Männern differenziert, sondern zwischen Müttern und Kinderlosen. Welche Alternativen bleiben also den Frauen, um Geschlechtergerechtigkeit einzufordern? Die Soziologin Hilke Brockmann wies in ihren Forschungen nach, dass es vor allem Mütter sind, die berufliche und finanzielle Nachteile zu tragen haben. Sollten wir also eine Mütterquote[32] statt einer Frauenquote fordern?

Wäre die Mütterquote eine Alternative, um die Vorherrschaft dieser Rollenstereotype ins Gegenteil zu verkehren?

Sind es nicht vor allem Mütter, die Tag für Tag den Generationenvertrag leben, die mit den Problemen und Nöten ihrer Kinder konfrontiert sind? Könnten nicht gerade sie Position für die Generation beziehen, die (noch) kein Wahlrecht hat? Ist es in einer demokratischen Gesellschaft nicht gerecht, für eine ausgewogene Repräsentation der Mütter zu sorgen? Schließlich braucht jedes gesellschaftliche System Kinder, um zu funktionieren. Ist es so, dann ist es schlicht ungerecht, Frauen für ihre Entscheidung, Kinder zu bekommen, zu »bestrafen«.

Jene Frauen, die sich ausschließlich für ihre Karriere entscheiden, verdanken ihren Aufstieg immer öfter diesen viel kritisierten Frauenquoten. Gegen die kann man einiges einwenden. Ja, die Frauenquote mag Frauen fördern – aber vorzugsweise jene, die keine Kinder haben. Die Kinderlosen wiederum haben andere Sorgen, als die berufliche Position der Mütter zu stärken. Beide Gruppen konkurrieren miteinander. Wann hätte man von einem Mann im öffentlichen Amt gehört, der sich für seine Wahl, Kinder zu haben oder auch nicht, rechtfertigen musste? Die Bredouille der berufstätigen Mütter lässt sich wie folgt erklären: »Warum sollten jene, die für ihr berufliches Fortkommen auf Kinder verzichtet haben, Frauen mit Kindern zur Karriere verhelfen? So viel Selbstlosigkeit ist wohl kaum zu erwarten.«[33]

Irgendwo muss es eine Grenze geben, vor allem dort, wo die Posten knapp sind. Auf das finanzielle Überleben der Mütter nehmen aber Öffnungszeiten von Krippen, Kindergärten und Schulen ebenso wenig Rücksicht wie die aktuelle Frauenpolitik. Karenzzeiten und die zusätzliche Arbeit für die Kollegenschaft, die durch eine Schwangerschaft auf deren Schultern abgeladen wird, werden beklagt. Alle Seiten fühlen sich ungerecht behandelt. Kann es eine gerechte Lösung geben, von der Frauen mit und ohne Kinder

gleichermaßen profitieren? Ist nicht jede demokratische Gesellschaft verpflichtet, auf die Schwächeren und Geschwächten Rücksicht zu nehmen, sofern sie nicht ihre Legitimität verlieren will?
Nicht dadurch, dass man Verbraucher täuscht, Anleger prellt
oder Steuern hinterzieht, gefährdet man seine Karriere und sein
gutes Leben, sondern indem man Mutter wird. Diese zynische Fest-
stellung fußt auf der Tatsache, dass jede Frau, die Mutter wird, ihre
Position schwächt, da sie nicht nur große physische und psychische Anstrengungen, sondern auch finanzielle Einbußen in Kauf
nimmt. Um überhaupt noch beruflich tätig sein zu können, bleibt
ihr oft nur der Sprung in die Teilzeitarbeit. Gerade aber diese Variante gilt als die größte Falle, spätestens dann, wenn die Frauen in
Pension gehen. Dann erhalten sie nämlich aktuell um 43 Prozent
weniger als Männer. Auf diese Ungleichheit will der »Equal Pension
Day« hinweisen – der 2018 auf den 28. Juli fiel. Auch der fulminan-
ten Pensionsschere liegt also die strukturelle Diskriminierung von
Frauen zugrunde.

WARUM TEILZEIT?

Als Gründe für Teilzeitbeschäftigung waren bei insgesamt 37,5 Prozent der Frauen Betreuungspflichten für Kinder oder pflegebedürftige Erwachsene ausschlaggebend. 49 Prozent aller Mütter mit Kindern unter 15 arbeiten in Teilzeit, 17 Prozent in Vollzeit, 24 Prozent sind nicht erwerbstätig oder arbeitslos und zehn Prozent befinden sich in Elternkarenz. Väter mit Kindern unter 15 Jahren sind dagegen zu 85 Prozent in Vollzeitbeschäftigung, nur sechs Prozent arbeiten Teilzeit. In Deutschland sind die Zahlen ähnlich. Eine gleichberechtigte Aufteilung, wie sie fast zwei Drittel wünschen, leben gerade einmal 18 Prozent.[34]

In Österreich firmiert der Wunsch nach 50:50 unter »ferner liefen«. Die konservativen Muster verändern sich nur langsam. Vielen Frauen und Männern, die sich eine faire Rollenverteilung wünschen, fehlen nicht nur die Vorbilder, sondern häufig auch die finanziellen Möglichkeiten. Man lasse sich also nicht durch die egalitäre Maskerade in den Boulevardmedien täuschen: Das konservative Familienbild beherrscht nach wie vor die gesellschaftliche Landschaft im deutschsprachigen Raum. Mit besonders schwerwiegenden Folgen für die Frauen, die sich entschließen, Mütter zu werden.

Für Frauen mit Kinderwunsch sollte der Beruf mit den familiären Aufgaben vereinbar sein. Daher wählen sie oft vorzugsweise bestimmte Berufsgruppen – am besten die, die schon auf die Rolle als Mutter vorbereiten. Als Paradebeispiel sei hier die Elementarpädagogik angeführt. Selbst der Versuch, die Ausbildung zu »akademisieren«, hat nicht dazu geführt, mehr Männer für dieses Berufsbild zu interessieren. Von 62 Studienanfängern war 2018 einer männlich. Dabei wären Männer gerade im Kindergarten wichtig, um Vorbilder für Buben sein zu können und um Stereotype aufzubrechen. Wie bekommt man nun mehr Männer in die Kindergärten? Die wenigen, die sich dafür interessieren oder bereits als Kindergärtner arbeiten, sind oft dem Generalverdacht der Pädophilie ausgesetzt.

Welcher Mann soll sich schon freiwillig für die Betreuung von Kleinkindern interessieren? Und das in einem Job, der weder einen hohen sozialen Status noch gute Bezahlung beinhaltet.

»Das Ganze hatte für mich natürlich schon auch einen bitteren Beigeschmack, denn es heißt im Grunde, man traut halt Männern generell nicht über den Weg«[35], liest man von einem Kindergartenpädagogen in der österreichischen Zeitung *Der Standard*. Von Frauen nimmt man dieses Opfer wiederum ganz selbstverständlich an. Ihnen soll es »in erster Linie« nicht ums Geld gehen.

Einige Optimisten würden es wohl eine positive Form des Sexismus nennen, dass man einer Frau eher zutraut, mit Kindern umzugehen als einem Mann. Wenn nur nicht in diesem Sexismus die generelle Abwertung der Care-Berufe eingeschlossen wäre. Wie bekommt man also mehr Männer in die Kindergärten? »Einmal durch eine Vorbildwirkung«, hört man von Kindergartenpädagogen. Aber es liegt natürlich auch an der mittelmäßigen Bezahlung. Wessen Leistung nicht gut bezahlt wird, hat im konservativen Weltbild keinen hohen gesellschaftlichen Status. Der Appell an die Politik der Biedermänner wäre, eine bessere Bezahlung für das Berufsbild zu gewährleisten und dann zu überprüfen, ob sich dann nicht doch mehr Männer in diese Domäne wagen. Immerhin haben viele der jetzt als »weiblich« klassifizierten Berufe schon einmal ihre Geschlechtslabels gewechselt. Es scheint vielmehr, als ob die niedrigen Löhne und der niedrige gesellschaftliche Status okay wären, so lange vorwiegend Frauen ausschließlich diese Jobs machen, während den Männern das grundsätzlich nicht zumutbar ist.

So war die Pflege lange männerdominiert, bis sie sich im 19. Jahrhundert zur Frauendomäne entwickelte. Ähnliches gilt für die Pädagogik. Die geschlechtsspezifische Zuschreibung von Berufen sieht sich nicht selten einem Missverständnis ausgesetzt: »... als solle damit gesagt werden, es fehle den Frauen überhaupt an der Fähigkeit, das zu tun, was die Männer tun, also etwas zu jagen. Würde ihnen, so das Argument, in der Kindheit ebenso wie Knaben das Jagen gelehrt, wären sie auch dazu fähig.«[36] Was die Geschichte all dieser scheinbar »klassisch weiblichen« Berufe zeigt, ist, dass ihre geschlechtsspezifischen Zuschreibungen stark kulturell bedingt und weniger geschlechtsspezifisch sind. Das bedeutet aber auch, dass man diese Verknüpfung auflösen kann. Die Ausnahmen, die es beispielsweise in männerdominierten Führungspositionen gibt, bestätigen das Argument hinreichend.

ARMUT, DEIN NAME IST WEIB!

Bis vor nicht allzu langer Zeit waren Frauen finanziell hauptsächlich über ihre Männer und (männlichen) Kinder abgesichert – insbesondere im Alter. Sie blieben also finanziell in Abhängigkeit von Staat und Familie. Erschreckenderweise hat sich bis heute daran nicht viel geändert. Zwar rühmt man sich in Mitteleuropa der hohen Anzahl arbeitender Frauen. Weniger rühmlich sind allerdings die im europäischen Vergleich überdurchschnittlich hohen Einkommens- und Pensionsdifferenzen zwischen Männern und Frauen. Diese haben eine lange Geschichte.

In Österreich ist sie unter anderem eine Folge der letzten Offensive der damals amtierenden schwarz-blauen Biedermänner von 2003. Neben der schon immer bestehenden ungleichen Entlohnung und der Teilzeitarbeit von Frauen sind auch die Auswirkungen der ÖVP-FPÖ-Pensionsreform für die nicht verschwinden wollenden Unterschiede verantwortlich. »Der damals beschlossene längere Durchrechnungszeitraum zur Bestimmung der Pensionshöhe hat besiegelt, dass immer mehr Frauen heute immer weniger Pension bekommen«,[37] führt der Präsident des SPÖ-Pensionistenverbands, Peter Kostelka, aus. Neben der langfristigen Grundfinanzierung von Kinderbetreuungseinrichtungen bis zur Umstrukturierung am Arbeitsmarkt wäre es auch notwendig, die zehn schlechtesten Beitragsjahre bei der Pensionsberechnung nicht zu berücksichtigen und eine Mindestpension einzuführen. Altersarmut ist auch deshalb weiblich, weil die Verteilung von bezahlter und unbezahlter Arbeit geschlechterungerecht verteilt ist. Für Frauen sind Kinder ein größeres Armutsrisiko als für Männer. Vor allem, weil sie überproportional viele Einelternhaushalte führen.

In konkreten Zahlen heißt das zum Beispiel für Deutschland, dass 33 Prozent der alleinerziehenden Eltern 2016 armutsgefährdet waren, wie das Statistische Bundesamt[38] bekanntgab. Ein Viertel der alleinerziehenden Mütter hatte keinen Job, die Hälfte von ihnen hätte aber gerne gearbeitet. In Deutschland gibt es 8,2 Millionen Familien, davon sind 1,5 Millionen alleinerziehende Eltern. Während in den vergangenen 20 Jahren die Zahl der Familien deutlich sank, nahm die Zahl der »Alleinerzieherhaushalte« zu. Im Vergleich dazu bestehen 12,2 Prozent aller österreichischen Familien aus nur einem Elternteil. In insgesamt 108.000 Familien lebt zumindest ein Kind unter 15 Jahren mit nur einem Elternteil, meistens bei der Mutter (Mütter: 99.000; Väter: 9.000).[39]

Laut EU-Statistik über Einkommen und Lebensbedingungen (EU-SILC 2016) waren 20 Prozent der alleinlebenden Pensionistinnen und elf Prozent der alleinlebenden Pensionisten armutsgefährdet. Einelternhaushalte haben auch in Österreich mit 30 Prozent das höchste Armutsrisiko aller Haushaltstypen – vorwiegend sind es Frauen mit ihren Kindern. Das hohe Armutsrisiko für Alleinerzieherinnen ergibt sich aus dem niedrigeren Erwerbseinkommen und den Versicherungsverläufen, die vor allem durch die Kindererziehung Lücken aufweisen. Was ist dem Staat also eine Alleinerzieherin in der Pension wert? Schon der britische Staatsphilosoph und Biedermann Thomas Hobbes hielt fest, dass »die Geltung oder (der) Wert eines Menschen wie der aller anderen Dinge sein Preis ist. Das heißt, er richtet sich danach, wie viel man für die Benützung seiner Macht bezahlen würde, und ist deshalb nicht absolut, sondern von dem Bedarf und der Einschätzung eines anderen abhängig.«[40]

Die fehlende Anerkennung der Biedermänner ist kein Zufall. Einelternhaushalte entsprechen nicht ihrer Idealvorstellung von der klassischen Familie.

Unser Sozialsystem, unser Steuersystem und das Bildungssystem sind auf den männlichen Familienernährer ausgerichtet. Selber schuld, wer aus irgendwelchen Umständen heraus Alleinerzieherin geworden ist ... Die Ironie bei alledem ist, dass die Partei der Biedermänner, die sich den Kampf gegen die »Gratismentalität« auf ihre Fahnen heftet, im gleichen Atemzug von den Frauen erwartet, dass sie den Großteil der Pflege- und Betreuungsarbeit von Kindern oder Verwandten gratis übernehmen. Da mutet es etwas zynisch an, ihnen durch ÖVP-Familienministerin Juliane Bogner-Strauß eine Warnung vor den negativen Auswirkungen von langen Karenzen und Teilzeit ausrichten zu lassen: »Viele Frauen sehen die Kinderbetreuungskosten und gehen deshalb lieber Teilzeit arbeiten. Sie lösen damit eine Lawine für den Rest ihres Lebens aus, weil sie über die Jahre weniger verdienen, in die Pensionsfalle tappen und in die Altersarmut schlittern. Da müssen wir Bewusstsein schaffen.«[41]

Das Bewusstsein wäre also da. Wie Vollzeitarbeit für Selbstständige, prekär Beschäftigte oder Alleinerziehende im Rahmen einer seit 2018 möglichen 60-Stunden-Woche gehen soll, diese Vision ist die verantwortliche FPÖ-Sozialministerin Beate Hartinger-Klein schuldig geblieben. Habe man aber Kinder abzuholen oder jemanden zu pflegen, »dann hat jeder Arbeitgeber sicher Verständnis dafür.«[42] Statt einer Arbeitszeitverkürzung, die den Familien zugutekommen würde, setzt die konservative Offensive der türkis-blauen Biedermänner und -frauen auf den Zwölfstundentag. Der ist sicher das falsche Signal, wenn man tatsächlich etwas für die Gleichstellung der Geschlechter und die familiäre Lebensqualität tun will. Die ersten bekannt gewordenen Verstöße von Arbeitgebern gegen die »Freiwilligkeit« des Zwölfstundentages gab es bereits Anfang November 2018.[43]

Aber rekapitulieren wir nochmal die Ereignisse von Ende Juni 2018: Als damals die Einführung des Zwölfstundentags bekannt wurde, demonstrierten Elternpaare und Alleinerziehende vor der ÖVP-Zentrale in Wien unter dem Motto: »Lieber Familie als Zwölfstundentag!« Angesichts der Verschärfungen bei der Arbeitszeit und fehlender Investitionen in den Ausbau der Kinderbetreuung eine utopische Forderung! Das türkis-blaue Programm wird dazu beitragen, dass Frauen mit Kindern kaum mehr Chancen haben, einer (gut bezahlten) Vollzeitbeschäftigung nachzugehen. Die aktuelle ÖVP-FPÖ-Regierung hat ohnehin kein Interesse daran, wie auch die österreichischen Regierungen in der Vergangenheit viel dafür getan haben, dass die geschlechterungerechte Situation bleibt, wie sie ist. Paare können noch so gleichberechtigt leben, sobald das erste Kind geboren wird, endet die Emanzipation in den meisten Fällen in einer Hinwendung zum klassischen Familienmodell mit der Frau als fürsorgliche Mutter und dem Mann als Ernährer. Die Beispiele zeigen, dass dieses Ideal politisch gewollt, unterstützt und gegen das Wohl vieler Frauen durchgesetzt wird.

Nachmittagsbetreuung wird also gezielt unattraktiv gemacht. Man muss nicht besonders viel Fantasie haben, um sich auszurechnen, dass das für erwerbstätige Mütter einschneidende Folgen hat. Entweder ihnen bleibt weniger vom Einkommen, weil sie mehr zahlen müssen, keine Vollzeitstelle annehmen können oder ihre Selbstständigkeit auf Eis legen müssen, weil sich diese gar nicht mehr auszahlt. Auch werden aufgrund von Abmeldungen viele Kindergruppen überhaupt geschlossen, was dann auch jene Frauen unter

Zugzwang bringt, für die die finanzielle Zusatzbelastung kein Problem wäre. Warum etwaige Kinderbetreuungskosten (nicht nur bei Alleinerzieherinnen) immer im wahrsten Sinne des Wortes »auf das Konto« der Mutter gehen, ist eine andere – diskussionswürdige – Frage ... Viele Mütter müssen deshalb den Sprung in die Selbstständigkeit wagen. Das klingt vordergründig wie eine gute Nachricht. Endlich haben sie sich auch beruflich emanzipiert und werden ihre »eigenen Chefinnen«. Der Frauenanteil bei Gründungen steigt stetig: von 40,4 Prozent im Jahr 2008 auf 44,5 Prozent im ersten Halbjahr 2018. Das Hauptmotiv ist aber wie eh und je nicht die Unternehmungsgründung selbst oder die Umsetzung einer finanziell lukrativen Idee, sondern bei 52 Prozent der Gründerinnen die Nichtvereinbarkeit von Beruf und Familie in anderen Jobs. Zum Vergleich: Dieses Motiv ist nur für 32 Prozent der männlichen Gründer ausschlaggebend.

■

DIE QUAL
DER WAHL

99

*Was der Frau heute im wesentlichen fehlt,
um große Dinge zu tun, ist Selbstvergessenheit.
Um sich aber selbst zu vergessen,
muß man erst einmal ganz sicher sein,
daß man sich gefunden hat.
Als Neuling in der Welt der Männer
und nur notdürftig von ihnen unterstützt,
ist die Frau noch zu sehr damit beschäftigt,
sich zu suchen.*

SIMONE DE BEAUVOIR,
Das andere Geschlecht

HERR BIEDERMANN MEINT:

NUR *die Mutter weiß,*
was ihr Kind braucht.

WOZU *bekommen Frauen Kinder,*
wenn sie sie dann gleich wie-
der in die Kinderbetreuung
abschieben?

ICH *kann es mir karrieretechnisch*
leider nicht leisten, in Karenz
zu gehen!

WIR WISSEN es längst: Die Generation der heute 20- bis 30-Jäh-rigen wird erstmals einen niedrigeren Lebensstandard haben als ihre Eltern, und das betrifft alle von der Mittelschicht abwärts. Das wachsende Prekariat der neuen Selbstständigen und »Werkvertrag-ler« verlangt nicht einmal mehr nach der sozialen Sicherheit, die noch für die vorige Generation selbstverständlich war. Aber auch die Älteren sehen ungewissen Zeiten entgegen. Einige von ihnen hoffen, dass es sich »für sie noch ausgeht«. Die Last der Versäumnisse in Bereichen wie der Gesellschafts- und Klimapolitik liegt auf den Schultern der Generation der 30- bis 40-Jährigen, denen man bisher nicht besonders viel Gutes nachgesagt hat. Weniger fleißig, weniger opferbereit, aber genusssüchtig sollen die neuen Macher sein, die nun langsam an die Hebel der Macht gelangen.

Diese meine Generation weiß längst, dass sich für sie die Versprechungen voriger Generationen nicht erfüllen werden. Wir sind der Illusion des fortschreitenden Wohlstands, des unbegrenzten Wachstums aufgesessen. Eine Lüge, die vor allem für die Frauen bitter ist. Das Patriarchat liegt scheinbar so lange zurück, dass sich viele wahrscheinlich seine Bedeutung für das Leben früher nicht mehr vorstellen können. Frauen steht es heute frei zu wählen, ob sie Hausfrau und Mutter oder auch Bundeskanzlerin sein wollen. Männer sind nicht länger zum alleinigen Versorger der Familie verdammt, sie können auch Hausmänner sein. Optional können sich beide Geschlechter problemlos für ein Leben ohne Kinder und/ oder Partner entscheiden. Aber stimmt das wirklich? Wir sind die Generation der scheinbar unbegrenzten Möglichkeiten, die tatsächlich von der individuellen ökonomischen und sozialen Situation abhängt. Die Fakten zeigen, dass Frauen in fast jedem Bereich weit hinter den emanzipatorischen Erwartungen zurückgeblieben sind. Vom Zwang zur Wahl und von der Propaganda konservativer Rollenbilder überfordert, wenden sich viele dem zu, das ihnen plötzlich wieder alternativlos erscheint: der Natur.

NATUR PUR UM JEDEN PREIS?

Diese neue »Rückkehr zur Natur« wird augenscheinlich in Statistiken, Frauenzeitschriften, Schwangerschafts- und Familienratgebern abgefeiert. Dabei wird rasch klar, dass der ökologische Diskurs längst auch auf den weiblichen Körper übergegriffen hat. Alles soll so »naturbelassen« wie möglich sein, denn – darin sind sich der links- und der rechtskonservative Laie einig – was »natürlich« ist, ist gut. Nicht nur in Bezug auf den Klimawandel, die knappen Ressourcen und Umweltkatastrophen sei eine radikale Rückkehr zur Natur nötig, sondern in allen Belangen.

Diese Ideologie hat weitreichende Folgen für das Leben der Frauen: beim Verhüten, Schwangerwerden, Gebären, Stillen und Muttersein. Umfragen und Umsatzzahlen belegen die neue Pillenangst und die Angst vor den Hormonen, die Frauen lieber zu »natürlichen«, aber vergleichsweise unsicheren Methoden, wie zum Beispiel die Kalendermethode, greifen lassen. Die »Pille« ist auch bei den Progressivsten nicht mehr sakrosankt. Dabei konnte der Geschlechtsverkehr erst durch die Pille emanzipiert, Sex von der Kinderzeugung getrennt werden. Ihr Erfinder Carl Djerassi prognostizierte sogar, dass wir uns alle früher oder später der künstlichen Befruchtung bedienen werden müssen, um Nachwuchs zu zeugen, da Frauen immer später ihre Kinder bekommen wollen.

Wenn also Frauen schon »unnatürlich« lange mit dem ersten Kind warten, so sollte zumindest die Geburt möglichst »natürlich« und »sanft« sein. Darunter wird eine Geburt verstanden, »bei der die äußeren Bedingungen sowohl für die Gebärende als auch für das Kind möglichst wenig traumatisierend sind. Dazu gehören zum Beispiel eine Geburt ohne technische Hilfsmittel ... sowie eine entsprechende Geburtsvorbereitung mithilfe von Entspannungstechniken oder mentalem Training.«[45] Und das Beste für jeden Säugling ist eine »natürliche« Geburt ohne Schmerzmittel, danach sofortiges »Bonding« mit der Mutter sowie vor allem viel und ausschließlich Muttermilch. Jede Frau, die diese Anforderungen nicht erfüllen kann, hat laut dieser »Naturdoktorin« darin versagt, für die optimale Entwicklung ihres Kindes Sorge zu tragen.

Der biedere Natürlichkeitswahn der Ökobewegung, der seit den 1970er-Jahren im gesamten deutschsprachigen Raum eingesetzt hat, reduziert die schwangeren Frauen ebenso auf eine »natürliche« Mutterrolle, wie es die konservativen Biedermänner tun.

Diese Beschränkung der Frauen auf alte Rollenbilder unter dem Deckmantel der »Natürlichkeit« lässt sich exemplarisch an der Renaissance des Stillens illustrieren. »Stillen ist umweltfreundlich und kann als aktiver Beitrag zum Umweltschutz gesehen werden, denn es spart Rohstoffe und Energie (Strom, Brennstoffe, Wasser), produziert keinen Müll (Verpackung), vermeidet Transportkosten und Verschmutzung durch Abwaschen etc.«[46] Für die beste Entwicklung der Gesellschaft ist Muttermilch das Um und Auf, so die offizielle Botschaft der globalen »Muttermilchliga« (*La Leche Liga*), die seit den 1950er-Jahren dafür kämpft, dass alle Frauen (öffentlich) stillen. Ihnen zufolge fördert das Stillen nicht nur die körperliche Gesundheit, sondern auch die sozialen Fähigkeiten und das Lebensglück von Säugling und Gesellschaft. Es gab auch Zeiten, in denen die Flasche als »Befreiung« der Frau von Mutterpflichten und als willkommener Ersatz – bei keiner oder zu wenig Muttermilch – gepriesen wurde. Unsere Großmuttergeneration war noch froh, eine Alternative zur Hand zu haben: »So natürlich es sein mag, daß eine Mutter ihr Kind stillt, so ist dies doch von der Natur her keineswegs nötig. Die Milch der eigenen Mutter kann ohne Verlust durch die Milch anderer Frauen, ja durch die Milch von Tieren ersetzt werden.«[47] Nicht stillen zu »müssen« wurde damals von vielen als eine Art Luxus und als Möglichkeit gesehen, das eigene Leben oder die notwendige Arbeit weiterführen zu können. Wer darauf hinweist, riskiert als Stillgegner zu gelten oder von den Biederfrauen als Egoistin deklassiert zu werden, die ihr persönliches Wohlbefinden über das des Kindes stellt. Das Stillen ist zum Politikum geworden.

Das war es allerdings schon öfter in der Geschichte. Unser jetziges Bild des Stillens ist wesentlich beeinflusst vom Ende des 18. Jahrhunderts, in dem »eine Unmenge von Publikationen erschien, in denen den Müttern empfohlen wurde, sich persönlich um ihre Kinder zu kümmern«, und in denen ihnen – natürlich von Männern – »befohlen« wird, zu stillen. Die Frau wird darin verpflichtet, vor allem Mutter zu sein, und es entsteht ein Mythos, der auch zweihundert Jahre später noch immer sehr lebendig ist: der Mythos vom Mutterinstinkt oder von der spontanen Liebe einer jeden Mutter zu ihrem Kind. Die Diskussion um die Mutterbrust ist also eigentlich ein alter Hut. Aus dem »feministischen« Kampf der 68er-Frauen, problemlos öffentlich stillen zu dürfen, ist ein genereller Zwang zum Stillen geworden, der von propagandatauglichen Filmen mit Slogans wie »Breast is best« in sogenannten »babyfreundlichen« Geburtskliniken untermauert wird.

Übrigens gehört nicht nur das Stillen zum neuen Mutteridyll. Frauen, die ihre Kinder nicht ausschließlich mit garantiert biologischen und selbst gemachten Köstlichkeiten verwöhnen, sie nicht mit pädagogisch wertvollem Spielzeug ausgiebig bespaßen oder kubikmeterweise Beratungsliteratur wälzen – kurz, die ihr Leben nicht vollständig auf den Nachwuchs ausrichten –, können sich auf heftigen Gegenwind der Biedermänner und Supermuttis gefasst machen.

Diese immer aufwendigere »mütterliche Praxis« auszuüben macht einen immer längeren Rückzug der Frauen vom Arbeitsmarkt und öffentlichen Leben nötig. Das wird gesellschaftlich wenig überraschend in Kauf genommen. Ab dem Zeitpunkt der Geburt wird von den Frauen selbstverständlich gefordert, die Interessen des Kindes vor ihre eigenen zu stellen. Schon Rousseau plädierte dafür, die Rolle der Frau auf die der Mutter zu beschränken. Und der Kinderarzt J. Gérard stellte Anfang des 20. Jahrhunderts fest: »Wenn eine Henne ein Ei bebrütet, bildet sie sich deshalb nicht ein, Mutter zu sein. Brüten bedeutet gar nichts ... Das Verdienst der

Henne beginnt jedoch, wenn sie mit Bewußtsein brütet, wenn sie ihre teure Freiheit aufgibt ... Kurz, wenn sie ihre Pflichten als Mutter erfüllt, hat sie diesen Namen wahrhaft verdient.«[48] Dieser Vergleich zeigt deutlich, wie wenig man die Freiheit und körperliche Integrität der Frauen ernst nahm – und nimmt.

DIE PFLICHT ZUM KIND?

Solche naturalistischen Auswüchse kann man belächeln, doch bedeutungslos sind sie nicht. Sie machen Mutterschaft zu einer öffentlichen Angelegenheit und nicht nur zu einer persönlichen Entscheidung. Wenn Theoretikerinnen wie Antoinette Bouquet behaupten, dass die Fähigkeit zur Schwangerschaft Frauen den Männern moralisch überlegen mache, wiegt das schwer. Wenn nur Mutterschaft einen »Gegenpol« zur liberalen männlichen Welt mit ihrem Individualismus, ihrem Egoismus und ihrer Grausamkeit[49] bilden kann, ist es dann nicht die Pflicht jeder Frau, so ihren Beitrag an der Weltverbesserung zu leisten? Alle Frauen, die sich gegen Kinder entscheiden, machen sich somit verdächtig. In diesem Punkt haben Rousseau und seine biedermännischen Mitstreiter wie der Schweizer Pestalozzi mit ihrer mütterlichen »Wohnstubenpädagogik«[50] gesiegt. »Auch wenn sie nicht alle Frauen davon überzeugen konnten, grenzenlos hingebungsvolle Mütter zu sein, so hatten ihre Reden dennoch eine starke Wirkung auf sie. ... Das Schuldgefühl hat ins Herz der Frauen Eingang gefunden.«[51]

AUFGESCHOBEN
IST OFT AUFGEHOBEN ...

Viele verzichten nicht a priori auf Nachwuchs, sondern verschieben das einst natürlichste »Übel« der Welt, nämlich zu früh und viele Kinder zu bekommen, immer weiter nach hinten. Seit Jahren gründen österreichische und deutsche Paare ihre Familien deutlich später. Das durchschnittliche Alter der Erstgebärenden liegt bei fast 30 Jahren. Die Zahlen sprechen für sich: In Mitteleuropa hat heutzutage etwa jedes sechste Paar Mühe bei der Erfüllung des Kinderwunsches. Zehn Prozent der Paare benötigen länger als zwei Jahre um Kinder zu bekommen, drei bis vier Prozent bleiben dauerhaft ungewollt kinderlos. Vor allem das höhere Alter der Erstgebärenden spielt hier eine entscheidende Rolle, da die Qualität der Ei- sowie der Samenzellen mit zunehmendem Alter kontinuierlich abnimmt.

Manche Paare warten mit der Familiengründung einfach zu lange – wegen der Karriere oder weil gesellschaftliche und Rahmenbedingungen oder finanzielle Sicherheiten nicht gegeben sind. Die Generation der unendlichen Möglichkeiten will alles haben. Für viele von ihnen bleibt die In-vitro-Fertilisation (IVF), die Empfängnis in der Petrischale, oder die Reproduktion mithilfe Dritter die einzige Möglichkeit, um noch zu einem eigenen Kind zu kommen. Alle diese Maßnahmen sind zeitaufwendig und mit hohen Kosten verbunden, die wirtschaftlich schlechter gestellte Frauen übermäßig belasten. Vor allem aber sind diese Maßnahmen alles andere als »natürlich«.

Über diesen Widerspruch wird allerdings generell hinweggesehen, wenn es um den Wunsch geht, ein »gesundes« Kind zu bekommen. Dank modernster Technik können Embryos immer genauer, schneller und billiger genetisch sequenziert – also ausgelesen – werden. Oft sogar noch, bevor sie in den Körper der austragenden Mutter eingesetzt werden. Manche Erbkrankheiten könnten so vermieden, sogar das Geschlecht kann vorab bestimmt werden. Auch die Schwangerschaft selbst gestaltet sich für viele Frauen alles andere als »natürlich«. So wird im Rahmen der obligaten Vorsorgeuntersuchungen auf die pränatale Diagnostik aufmerksam gemacht, die Risiken für genetische Defekte noch im Mutterleib abklären möchte. Weist der Embryo schwere Defekte auf, wird die Möglichkeit zum Schwangerschaftsabbruch in den Raum gestellt. Der Druck, der auf der schwangeren Frau lastet, ist hoch. Und wenn sie schon eines bekommt, dann sollte es ein »perfektes« Kind sein, eines, das der Gesellschaft möglichst wenig zur Last fällt.

Frauen, die vom »perfekten« Kind träumen, zahlen dafür einen hohen Preis.

Die wachsende pränatale Verantwortung ist nur ein Vorgeschmack darauf, was auf den zukünftigen Frauengenerationen lasten wird: Werden Frauen in Zukunft sogar die Verpflichtung haben, die »besten« Embryos auszusuchen? Sind Frauen gesellschaftlich und moralisch verpflichtet, Kinder zu bekommen? Oder bleibt nur die Hoffnung auf »künstliche Gebärmütter«? Durchaus interessante Fragen, die sich mittlerweile nicht nur Bioethikerinnen wie Anna Smajdor stellen. Sie fragt ganz direkt, ob Gleichberechtigung zwischen Mann und Frau nur dann möglich sein wird, wenn Frauen nicht mehr dazu gezwungen sind, Kinder gebären zu müssen. Im *Cambridge Quarterly of Healthcare Ethics* beschreibt sie die

Schwangerschaft als einen Zustand, der Schmerzen und Leid hervorruft, und zwar nur bei Frauen. Die Tatsache, dass Männer im Gegensatz zu Frauen keine Schwangerschaft durchmachen müssen, um ein genetisch verwandtes Kind zu bekommen, ist ihrer Meinung nach einfach nur eine soziale Ungerechtigkeit.[52] Mütter tragen ein System, von dem sie im Stich gelassen werden.

So lange wir nicht aufrichtig versuchen, diese Ungerechtigkeit auszugleichen, sondern sie als »physiologisches Schicksal« betrachten, wie es die Biedermänner gerne tun, sollten wir uns nicht wundern, dass sich immer mehr emanzipierte Frauen gegen Kinder entscheiden. Diese Frauen haben längst bemerkt, dass der Weg »zurück zum Herd« gleichzeitig jenen zurück in die männliche Abhängigkeit bedeutet. Die Biederfrauen hingegen wünschen sich, dass sich Familienleben und Berufstätigkeit für sie möglichst bequem gestalten. Man arbeitet nicht, weil man muss, sondern als Luxus. »So lange die Verlockungen des leichteren Weges fortbestehen – durch die wirtschaftliche Ungleichheit, die bestimmte Personen begünstigt, und durch das anerkannte Recht der Frau, sich einem dieser Privilegierten zu verkaufen –, wird für sie eine größere moralische Anstrengung als für den Mann nötig, um den Weg der Unabhängigkeit zu gehen.«[53]

PAPA WIDER WILLEN?

Es gibt eine einfache Antwort auf die Frage, was Frauen mit Kindern bräuchten, um besser leben zu können: ausreichende Kinderbetreuung und ein Ethos der gleichberechtigten Elternschaft. Beides kommt in Deutschland und Österreich zu kurz. Das zeigt sich unter anderem an den Zahlen der letzten Jahrzehnte: Zwar können Männer in Österreich seit 1990 in Väterkarenz gehen, doch auch der seit 2004 bestehende Rechtsanspruch darauf bleibt zumeist unge-nützt. Lächerliche zehn Prozent der Väter nehmen beispielsweise im Burgenland und in Vorarlberg diese Möglichkeit in Anspruch. Selbst jene, die sich für die Väterkarenz entscheiden, machen es nur kurz. Fragt man direkt bei den Vätern nach, ob sie (länger) in Karenz ge-hen wollen, antworten die meisten, dass sie das »wahnsinnig gern« tun würden. De facto ließe es aber – leider – die finanzielle Situa-tion nicht zu. Diese häufig gebrauchte Ausrede greift nicht. Denn wer sich für das einkommensabhängige Kinderbetreuungsgeld entscheidet, erhält in Österreich immerhin 80 Prozent der Letzt-einkünfte. Was braucht es also, dass sich mehr Männer für die Väter-karenz entscheiden?

Zwar artikulieren immer mehr Männer, dass sie mehr Zeit mit dem Kind verbringen und sich viel stärker in die Erziehung einbringen wollen. Das entspricht aber weder der sozialen Akzep-tanz in der Öffentlichkeit und in Unternehmen noch jener in bil-dungsferneren Bevölkerungsschichten. Irgendwie kann man diese Männer auch verstehen: Vorbilder für sie gibt es wenige, und sie müssen ihre männliche Identität anders definieren als die schein-bar so emanzipierten Geschlechtsgenossen in den Bobo-Bezirken der Großstädte. Diese vor den Vorhang zu holen wird nicht die erwünschten Ergebnisse bringen. Ja, sie werden berichten, was so wertvoll an der Erziehungsarbeit ist, und sagen:»Diese Zeit mit meinem Kind kann mir niemand mehr nehmen.« Aber das ist nur die halbe Wahrheit.

Es braucht aber auch die Ehrlichkeit, sich einzugestehen, dass viele Männer sehr gerne darauf verzichten, die anstrengende ganz-tägige Betreuung eines Kleinkindes zu übernehmen. Eine kürzlich erschienene Studie aus Deutschland zeigt, dass das Gros der Väter am zufriedensten ist, wenn sie die Rolle des Ernährers ausfüllen. Das Gleiche gilt für Österreich: Hier belegen die Zahlen, dass die Väterkarenz weitgehend ungenutzt bleibt und sogar zurückgeht. So waren im Dezember 2017 nur 3,8 Prozent der Bezieher von

Kinderbetreuungsgeld männlich.[54] Auch Teilzeit mit schlechterer Bezahlung kommt für die meisten Männer nicht infrage, ist aber ein Opfer, das von Frauen selbstverständlich erwartet wird. Dass gerade Frauen, die ohnehin schon weniger verdienen, so mit einem weiteren Einkommensausfall konfrontiert werden, scheinen die betroffenen Männer zu ignorieren. Müttern bleibt nach der Karenz oft nur die Teilzeitarbeit. Im Klartext heißt das: Unterbrochene Erwerbsbiografien, ob durch Kinderbetreuung oder Pflege von Angehörigen, sowie ein niedriges Einkommen führen zu einer niedrigen Pension. Es sind noch immer die Frauen, die den Großteil unbezahlter Haus- und Betreuungsarbeit verrichten, und es sind vor allem sie, die dann trotz jahrelanger Berufstätigkeit nicht von ihrer Pension leben können. Der schlechtere Verdienst führt oft zu einer wirtschaftlichen Abhängigkeit vom Partner. Viele Frauen bleiben deshalb in problematischen und unschönen Partnerschaften, weil sie, ihr Partner und die Kinder bei einer Trennung um ihre Existenz fürchten müssten.

Auch die Durchschnittsmänner profitieren von den Vorzeige-Biedermännern nicht, ganz im Gegenteil: Je patriarchaler und konservativer das System, desto mehr finanzieller Druck lastet auf ihren Schultern. Der Fehlschluss der Brandstifter, Frauen durch wirtschaftliche Abhängigkeit an ihre Männer zu binden, erweist sich nicht nur als Falle für die Frauen. Erst wenn Frauen wirtschaftlich unabhängig sind, stehen sie außer Verdacht, die Beziehung nur aus finanzieller Absicherung führen zu müssen. Und auch die Männer gewinnen an Lebensqualität, wenn der finanzielle Druck, alleiniger Ernährer mehrerer von ihnen abhängiger Menschen zu sein, gemildert wird.

Die Bedingungen, die freiwillige und gleichberechtigte Geschlechterbeziehungen ermöglichen würden, sind nicht nur das Produkt individueller Emanzipation, sondern vor allem von politischen und ökonomischen Maßnahmen.

In Deutschland und Österreich scheinen die Regierungen seit jeher kein besonders großes Interesse an Geschlechtergerechtigkeit zu haben. Statt dem Bedarf nach Kinderbetreuungseinrichtungen nachzukommen, um Frauen wie Männer zu entlasten, werden diese Einrichtungen unter der türkis-blauen Regierung vom FPÖ-Abgeordneten und Parlamentarier Wolfgang Zanger 2018 im österreichischen Parlament als »Kinderweglegungseinrichtungen« diffamiert. Die Fakten, nämlich dass ausreichend Betreuungseinrichtungen vielen Frauen ermöglichen würden, ihre wirtschaftliche Unabhängigkeit zu sichern und infolgedessen auch die Geburtenrate steigen würde, werden dabei geflissentlich ignoriert.

Was aber wäre, wenn die Mehrheit der Frauen das knallhart von den Brandstiftern einfordern würde, die willentlich nicht gerecht sein wollen? Deutschland und Österreich könnten sich hier ein Beispiel an den Modellen Frankreichs oder Islands nehmen. Bis dahin wird es bei dem bleiben, was die österreichische Frauenpolitikerin Johanna Dohnal schon 1995 auf der SPÖ-Bundesfrauenkonferenz prognostizierte: »So lange mehrheitlich Männer darüber entscheiden können, was für Frauen, Kinder und sie selbst gut ist, wird es die erforderlichen substanziellen Quantensprünge nicht geben.«

■

DIE KONTROLLIERTE GEBÄRMUTTER

"

Jedes Land hat die Politik, die es verdient.
Die Festschreibung der Rollenklischees trifft in der
Bundesrepublik weder auf großen Dissens unter den
Parteien noch auf massive Proteste aus der Bevölkerung.
Weil das Begehren nach Rollenstabilität zur Idee der
Chancengleichheit in so krassem Widerspruch steht,
wird die Gleichstellung der Frau mit viel rhetorischem
Aufwand und wenig konkreten Ergebnissen betrieben.
Die Festschreibung der Rollenstereotypen erfolgt
nicht an der Frau, sondern an der Mutter.

BARBARA VINKEN,
Die deutsche Mutter

HERR BIEDERMANN MEINT:

KINDERLOSE *Frauen sind egoistische, karrierefixierte Emanzen.*

MEINE *Mutter verwöhnt mich gerne! Sonst wäre ihr ohnehin langweilig.*

ABTREIBUNG *muss in Zeiten der Pille doch wirklich nicht mehr sein.*

ES WAR EINMAL eine Frau, die jahrzehntelang mit ansah, wie ihre eigene Mutter sich zwischen Arbeit und Privatleben aufrieb. Zwar genoss sie selbst einige Privilegien, die ihr die Frauenbewegung beschert hatte, war aber unzufrieden, dass sie noch immer nicht so viel erreicht hatte wie die gleichaltrigen Männer, die weniger unter dem sozialen Druck standen, alles unter einen Hut bringen zu müssen. Genau das braucht nämlich die Ressourcen der meisten Frauen auf. Die Kluft zwischen der Mutter, die ihre Bedürfnisse selbstverständlich hintanstellt, und der Frau als freies Subjekt, das unbegrenzte Wahlfreiheit hat, ist tiefer denn je.

Wenige Jahrzehnte, nachdem Simone de Beauvoir ihr Buch »Das andere Geschlecht« veröffentlicht hatte, drehte sich der Wind der feministischen Theorie. War Beauvoir noch für die Gleichberechtigung der Geschlechter aufgrund ihrer Ähnlichkeit eingetreten, entdeckte die neue feministische Theorie wieder die Mutterschaft als Kern der Weiblichkeit, die auch ihre zentrale Erfahrung wäre. Plötzlich ging es nicht mehr darum, die Mutterschaft als mehr oder minder gewollte Begleiterscheinung weiblicher Existenz und Unterdrückung zu sehen. Mutterschaft wurde zur Grundlage stilisiert, auf der eine »... neue, menschlichere und gerechtere Welt entstehen könne. Dazu bedürfe es jedoch einer Rückkehr zu Mutter Natur, die viel zu lange ignoriert worden sei.«[55] Von dieser Mutter Natur war im vorigen Kapitel schon die Rede. Die, der man mit zu viel Chemie oder Gendertheorie nicht in die Quere kommen sollte. »Man müsse den Blick wieder auf die physischen Unterschiede lenken, die die Unterschiede im Verhalten nach sich zögen; die Frauen müssten wieder stolz auf ihre Rolle als Nährende sein, von denen Wohl und Schicksal der Welt abhänge.«[56] Natürlich wohl wissend, dass neben dieser Rolle kaum Platz für andere mehr sein kann. An diesem Punkt reichen sich maternalistische Feministinnen und konservative Biedermänner die Hand.

Ab jenem historischen Moment, in dem Frauen die Pflichten gegenüber ihren Ehemännern zurückweisen, ihre Fruchtbarkeit kontrollieren und Geld verdienen konnten, verschärfte sich der Druck auf sie, ein bestimmtes Mutterbild zu verkörpern. Niemand wird ernsthaft bestreiten, dass sich das Leben der meisten Frauen mit dem ersten Kind radikal verändert. Im Weiteren geht es nicht um die Frage, wie sehr das Wohlbefinden der einzelnen Frau durch die Mutterschaft beeinträchtigt wird. Es geht vor allem darum, zu klären, wieso sich das Leben vieler Frauen nach der Geburt des ersten Kindes derartig verschlechtert.

Folgt man den historischen Quellen und bisherigen Recherchen, kommt schnell der Verdacht auf, dass der traditionelle Mythos der »guten Mutti« etwas mit der gewollten Kinderlosigkeit zu tun haben könnte. Im Allgemeinen könnte man glauben, es hätte sich in den letzten Jahrzehnten vieles für die deutschen und österreichischen Frauen zum Positiven verändert. Beruf und Familie sind besser zu vereinbaren. Mutterschaft ist flexibler geworden. Wenn das stimmt, warum bleiben beide Länder in der Gebärstatistik im EU-Vergleich zurück? Es fällt auf, dass viele Frauen, obgleich gut ausgebildet und in einer Partnerschaft, mit über 30 noch kein Kind haben oder wollen. Sind sie Einzelfälle? Anscheinend gibt es gerade im deutschsprachigen Raum so einiges, was das vermeintlich »natürliche« Bedürfnis der Frau zur Mutterschaft hemmt.

Mutter sein in Österreich oder Deutschland ist nicht das Gleiche wie anderswo.

Die Idee der »guten Mutti« hat hierzulande eine lange und ambivalente Geschichte. Sie beginnt mit einem Konzept, das seit Anfang des 19. Jahrhunderts alle Beziehungen zwischen Individuen prägte: die romantische Liebe. Seit die Familie als Keimzelle der Gesellschaft entdeckt und die Liebe zwischen Mutter und Kind »heilig« ist, hat sich die Rolle der Frau als Mutter wesentlich verändert. Das Muttersein wurde von der simplen biologischen Funktion zu einer normativen Idee, die alle anderen Rollen der Frau überlagerte.

Als Adolf Hitler in den 1930er-Jahren das »Mutterkreuz« für den verdienten »Dienst am Deutschen Volk« einführte, säte er auf bereits ideologisch fruchtbaren Boden. Das nationalsozialistische Frauenbild orientierte sich an der Ideologie der deutschnationalen oder alldeutschen Biedermänner, die über den »Emanzipationskoller der entarteten Weiber« schimpften und die »Entmutterung der Frauen« anprangerten.[57] Diese »Berufung zur Mutter« als prägendes Frauenbild hat in Deutschland und Österreich bis heute überdauert. Auch die neuen deutschnationalen Biedermänner sprechen heute wieder von »geburtenorientierter Politik«.[58]

2013 schrieben sie in einem vom jetzigen FPÖ-Verkehrsminister Norbert Hofer herausgegebenen Buch von einem »natürlichen Brutpflegetrieb« des weiblichen Geschlechts: »Der vom Thron des Familienoberhaupts gestoßene Mann sehnt sich unverändert nach einer Partnerin, die, trotz hipper Den-Mädels-gehört-die-Welt-Journale, in häuslichen Kategorien zu denken imstande ist, deren Brutpflegetrieb auferlegte Selbstverwirklichungsambitionen überragt.«[59] Im Klartext bedeutet das: Eine Frau, die Mutter ist, soll sich weitgehend in den häuslichen Bereich zurückziehen, eigene Ambitionen aufgeben und sich vorrangig auf ihre Mutterpflichten konzentrieren. Doch nicht jede Frau macht das mit.

Dass sich Geschlechterrollen nicht so entwickeln müssen, zeigen vergleichende Recherchen mit anderen Ländern, wie beispielsweise Frankreich. Elisabeth Badinter argumentiert mit akribischer Schärfe in »Die Mutterliebe«, dass die Rolle der »Vollzeitmutter« nicht in der Natur der Sache liegt, sondern eine historisch gewachsene Institution ist, an der in Ländern wie Österreich und Deutschland unter zwei Prämissen auffällig stark festgehalten wird: Erstens geht das Wohl des Kindes über alles und zweitens kann dieses Kindeswohl nur durch eine 24-Stunden-Mutter-Kind-Beziehung garantiert werden.[60] Während eine französische *Maman* ihre Rolle als Frau pflegen darf, wird ihr deutsch-österreichisches Pendant auf ihre Rolle als Mutter reduziert, die die Aufgabe des unabhängigen, selbstbestimmten Lebens der Mutter zum Wohl des Kindes einfordert. Die folkloristische Behauptung, dass die Mutter unersetzlich für das Kind und deshalb unabkömmlich sei, schlägt sich, wie im vorigen Kapitel ausgeführt, nicht nur in der fehlenden externen Kinderbetreuung und dem fehlenden partnerschaftlichen Ethos nieder. Tatsächlich macht kaum ein junges Elternpaar halbe-halbe. Es gibt den Versuch auf, bevor er überhaupt begonnen wurde.

Badinter hat gut belegt, dass Mutterschaft die Ungleichheit in der Paarbeziehung enorm verschärft. Egal ob mit oder ohne Trauschein lastet der Großteil der Hausarbeit auf den Schultern der

Frauen. Die ungleiche Verteilung häuslicher Pflichten hat sich seit den 1950er-Jahren kaum verändert – vor allem nicht in den Köpfen der Menschen. Zwar hat »die Revolution der Sitten die Männer und Frauen mit der besten Ausbildung einander angenähert, während sie gleichzeitig diese Frauen von ihren weniger gut ausgebildeten Schwestern entfernt hat.«[61] Die sehr gut ausgebildeten Frauen verzichten eher für ihre Karriere auf Kinder, während den anderen mangels adäquater Angebote wenig überbleibt, als sich im Haushalt zu engagieren. Wer aufgrund schlechterer Qualifikationen oder Ausgangsbedingungen keinen Job findet, der finanziell genug abwirft, bleibt eher zu Hause. Das ist durch Zahlen gut belegbar. So ist die durchschnittliche Kinderzahl pro Frau hierzulande nicht vom Migrationshintergrund, sondern in besonderem Maß vom Bildungsniveau abhängig. In Österreich bekommen in der Landwirtschaft tätige Frauen durchschnittlich 2,5 Kinder und türkischstämmige Frauen durchschnittlich 2,4 Kinder. Es wäre allerdings falsch, daraus zu schließen, dass wir das »langsame Aussterben der Österreicher« dadurch verhindern könnten, wenn wir mehr Städterinnen von den Vorteilen des Landlebens überzeugen, da sie dann liebend gerne Kinder bekommen würden.

So gerne die Biedermänner glauben möchten, dass Muttersein allein schon glücklich macht, so sehr widerspricht es der Realität.

Spätestens nach dem medial breit rezipierten Aufschrei unter dem Hashtag *#Regretting Motherhood* sickert diese Botschaft auch in das Bewusstsein der Konservativen. Diese reagieren mit Abwehr: Jede Frau, die sich nicht in das »Natürlichste auf der Welt« fügt, ist keine »richtige« Frau. Eine »richtige« Frau ist für ihre Kinder immer verfügbar, übernimmt das Gros der Erziehungs- und Hausarbeit und stellt die Bedürfnisse der Familie über die eigenen. Nebenbei verdient sie ein Taschengeld dazu, ist gut ausgebildet, schlank und sexuell attraktiv. Wie stark dieses Ideal als Bringschuld gegenüber einer Gesellschaft gesehen wird, deren Leistungsanspruch an die heutigen Frauen kaum Grenzen kennt, konnte man an den abwertenden Kommentaren gegenüber Politikerinnen wie Elisabeth Köstinger sehen, die ob ihrer Figur beschimpft wurde. Selbst die Biederfrauen sind von diesem Leistungsdruck nicht ausgenommen, sie schlagen mit noch mehr Funktionalität zurück und dem Image der glücklichen und erfüllten Mutter.

Fassen wir noch einmal zusammen: Badinters Verdienst war die Herausstellung zweier Faktoren, die den Wunsch, Mutter zu werden, stark hemmen. Zum Ersten die gesellschaftliche Dominanz des Modells der guten Mutter, zum Zweiten – was sich aus dem Ersten herleiten lässt – das Fehlen einer den Bedürfnissen angepassten Familienpolitik, die entschlossen für die Frauen eintritt. Wenn wir also eine emanzipierte Gesellschaft fordern, in der Kinder nicht nur als persönliches Opfer oder finanzielles Problem von Frauen gesehen werden, muss unsere Generation dringend das aktuelle Mutterbild überdenken und sehen, dass es nicht nur hierarchische Geschlechter-, sondern auch interne Klassenkämpfe abbildet. Zu der häuslichen Ungleichheit zwischen den Geschlechtern kommt auch noch soziale Ungleichheit zwischen den Frauen hinzu. Letztere bestimmt wesentlich, ob sich Frauen für oder gegen Kinder entscheiden. Und sie hat österreichische und deutsche Frauen nicht nur in puncto Verdienst und Geburtenrate nach hinten katapultiert.

Dass es noch immer eine so große Kluft zwischen Männern und Frauen gibt, liegt auch daran, dass wir es in Österreich und Deutschland nicht geschafft haben, gesellschaftliche Stereotype zu verändern.»Stattdessen konzentrieren wir uns auf das, was die Geschlechtsunterschiede endgültig als natürliche erscheinen lässt. Das ist Vermeidungsverhalten. Dieser Biologismus ist so gesehen eine neue Form des Sexismus«,[62] beschreibt der Psychologe Rolf Pohl das Dilemma. Hinter diesem Sexismus steckt die Angst vor dem Verlust der Männlichkeit und der Geschlechterverwirrung. Durch den Mythos der »opferbereiten, guten Mutter« konnte wunderbar demonstriert werden, dass Frauen und Männer nicht gleich, sondern verschieden sind. Mithilfe dieser »biologischen Ungleichheit« konnten infolge nicht nur die gesellschaftliche Ungleichheit der Geschlechter gerechtfertigt werden, sondern auch die männlichen Privilegien. Sie brauchten sich noch nicht einmal um die Belastungen der Frauen zu scheren, da diese aufgrund ihrer Physiologie entstehen. Für die Biedermänner ist Biologie sprichwörtlich Schicksal.

Konservative Politik will Zugriff auf die Frau als Ressource haben, die in unserer Gesellschaft kostenlos Wärme und Liebe spendet. Hinter dem Kult um die »gute Mutti« stehen also auch ökonomische Interessen.

Die »gute Mutti« ist die einzige Person, die rund um die Uhr gratis arbeitet. Sie ist die unbezahlte Fürsorgearbeiterin, die einen unbezahlbaren Mehrwert für das System leistet. Ein System, das – wie eh und je – auf die freiwillige Opferbereitschaft der Frauen ausgerichtet ist. Wer das nicht glaubt, erinnere sich an die österreichische Fernsehsendung »Pressestunde«. ÖVP-Bildungsminister Heinz Faßmann gab auf die Frage der Moderatoren, wie denn fünf Wochen Urlaub der Eltern mit den neun Wochen Sommerferien[63] der Schüler vereinbar sein sollen, im September 2018 die ehrliche Antwort: »Gar nicht.« Da die Zivilgesellschaft es bisher schon immer »irgendwie« geschafft hat, soll sie es jetzt auch weiter »irgendwie« schaffen.

Kein Wunder, dass das Elternsein angesichts der Herausforderungen unserer Leistungsgesellschaft gerade nicht besonders attraktiv ist. Nur Muttersein ist noch unattraktiver. Aber Kinderlosigkeit ist noch nicht die Lösung. Die richtigen Probleme beginnen erst, wenn man als Frau über 30 wagt, »willentlich« kinderlos zu bleiben. Es verweist für die Biedermänner schon auf Amoralität und Schwäche, zumindest wenn man nach dem Ex-ÖVP-Abgeordneten Marcus Franz geht, der 2016 auf dem Blog »Fisch und

Fleisch« schrieb: »Frau Merkel will als die metaphorische ›Mutti‹ des Staates das negative Faktum der nicht vorhandenen oder zu wenigen eigenen Kinder mit der Einbringung vieler, vieler junger Migranten wiedergutmachen. Sie schafft damit für die kinderlose Gesellschaft die Kompensation eines Mangels. Die nie geborenen eigenen Söhne werden dazu aus dem Orient geholt und deren Ankunft wird zunächst einmal gefeiert wie eine echte Geburt.«[64] Dass gerade eine kinderlose Spitzenpolitikerin wie Merkel als »Mutti« bezeichnet wird, spricht Bände. Diese Aussagen kosteten den Biedermann Franz zwar den politischen Kopf, seine Provokationen erreichten aber ihr Ziel: nämlich einflussreiche und mächtige Frauen zu naturalisieren und ihnen aufgrund ihrer Kinderlosigkeit nicht nur persönliche, sondern auch politische Urteilskraft abzusprechen. Wenn eine Frau keine Kinder hat, dann mangle es ihr an Moral. Ihre Familienfeindlichkeit schade nicht nur ihr selbst, sondern sogar der gesamten Gesellschaft. Auch wenn sich der ÖVP-Klub beim Deutschen Bundestag für diesen verbalen »Ausrutscher« entschuldigte, mutete es seltsam scheinheilig an. Denn die Kernfamilie ist der zentrale Mythos, auf dem die Konservativen weltanschaulich bauen.

In ihrer »heilen Welt« herrschen noch die traditionellen Geschlechterrollen vor, die gegen zu viele emanzipatorische Bestrebungen beschützt werden müssen. Und das, obwohl diese Lebensform längst nicht mehr der Lebensrealität vieler Menschen entspricht. Die Beziehungen zwischen den Geschlechtern haben sich nicht nur qualitativ, sondern auch quantitativ geändert. Partnerschaften dauern nicht mehr lebenslang. Im Laufe eines immer länger werdenden Lebens verlieben sich Männer und Frauen neu, gründen neue Familien. Die größte Emanzipationsleistung aber haben einige der Männer selbst erbracht, all der konservativen und naturalistischen Propaganda zum Trotz: Die emanzipierten Väter bewiesen, dass die als »weiblich« klassifizierten Tätigkeiten genauso gut von Männern erledigt werden konnten. Es waren diese wenigen Männer, die unter dem Spott der Biedermänner freiwillig Windeln wechselten, Fläschchen gaben und die Kotze aufwischten und damit das hiesige Männerbild transformierten. Tatsache ist, dass die wenigen wahrhaft emanzipierten Väter wesentlich zur Gleichstellung der Frauen beitrugen. Diese waren – dank ihnen – nicht mehr ausschließlich an das Baby gebunden. Im Österreich und Deutschland der 1980er-Jahre bildeten sie wie auch heute eine, wenn auch langsam wachsende, Minderheit. Diese wird seit Anbeginn nicht nur von den Biederfrauen bedroht, die das Baby »zum stärksten Alliierten der männlichen Herrschaft«[65] machten, sondern sie hat auch mit Unverständnis in der Berufswelt oder der religiösen Gemeinde und gegen das konservative Männerbild zu kämpfen. Diese Männer gilt es als Speerspitze der heutigen Emanzipation vor den Angriffen der Biedermänner zu verteidigen.

»Bis heute hat sich keine Form der Familienpolitik als besonders wirksam in Hinblick auf die Gleichheit von Männern und Frauen erwiesen. In allen Ländern, auch den skandinavischen, wird die Arbeit zwischen Partnern immer noch ungleich aufgeteilt. Und die wachsende Verantwortung, die auf den Müttern lastet, verschlimmerte Situation nur weiter. Einzig eine gerechte Aufgabenteilung unter den Eltern vom Zeitpunkt der Geburt an könnte diesen Trend stoppen.«[66] Tun wir es nicht, verzichten wir auf Geschlechtergerechtigkeit, werden wir auch in Zukunft auf die Frage, ob unsere Gesellschaft verlangt, dass Frauen ihre Lebens- und Karrierechancen für ihre Kinder hintenanstellen, mit einem Ja antworten müssen. Eines ist klar: Die Biedermänner werden weiterhin Anspruch auf die Bäuche der Frauen erheben. Unterstützt werden sie dabei von den maternalistischen Feministinnen, die das Heil der Frauen in ihrem Bauch sehen und damit Druck machen, dass für jede Einzelne die (biologische) Uhr tickt.

MEIN BAUCH GEHÖRT MIR?

Der Eingriff in die weibliche Sexualität ist eine der ursprünglichsten Formen der gesellschaftlichen Kontrolle. Er ist alles andere als banal und zeigt, wie wir »die Frauen« einschätzen, ob wir »ihnen« zutrauen, die »richtigen« Entscheidungen zu fällen. Im Widerspruch zu den massiven pränatalen Eingriffen und Verhütungsmaßnahmen steht seit jeher das Politikum des Schwangerschaftsabbruchs. Weshalb betrachten wir die Entscheidung einer Frau, einen Schwangerschaftsabbruch vornehmen zu lassen, als moralische Angelegenheit, nicht aber ihre Entscheidung, Kinder zu bekommen oder ihren Beruf zu wechseln? Abtreibung ist zweifellos keine leichte Angelegenheit. Spricht man mit Frauen, die schon Kinder haben, über Abtreibung, sagen diese oft, dass sie zwar kein Kind mehr wollen, aber »wenn es trotz Verhütung passiert, dann ist es halt Schicksal. Ich bin nicht so eine Frau, die abtreibt.« Wer oder wie sind denn diese Frauen, die dennoch abtreiben? Verantwortungslose, familienfeindliche Frauen oder Menschen, die für sich in Anspruch nehmen, nicht den blanken Zufall über ihr Schicksal entscheiden zu lassen? Diese Diskussion lässt kaum eine Frau kalt.

Wenn wir also der Gesellschaft in Form des Staats das Recht zusprechen, über den Körper einer Frau zu bestimmen und auf ihr Leben einzuwirken, dann sagen wir ganz eindeutig: Wir wollen nicht anerkennen, dass die betroffene Frau ihre Situation kompetent einschätzen kann und sie die Konsequenzen einer Mutterschaft, die nur sie tragen muss, überblicken kann. Schließlich hätte sie die Schwangerschaft verhindern müssen, entweder dadurch, dass sie sich wie eine »Heilige« verhält und auf Geschlechtsverkehr verzichtet, oder indem sie eben die Folgen ihres sorglosen Hedonismus trägt.

Dass ungewollte Schwangerschaften auch sehr oft trotz Verhütung entstehen, kommt in diesem Diskurs nicht vor. So meinte etwa der deutsche Gesundheitsminister Jens Spahn (CDU) 2014 anlässlich der Debatte um die rezeptfreie Vergabe des Notfallverhütungsmittels Levonorgestrel, dass Frauen diese »Pille danach« wie »Smarties essen« würden, sollte sie rezeptfrei erhältlich sein. Dass Frauen gewöhnlich 35 Jahre lang fruchtbar sind und in dieser langen Zeit ein Verhütungsunfall auch zweimal passieren kann, scheint diesen Biedermännern keineswegs klar zu sein. Ganz im Gegenteil. Die Rate der Frauen, die ein zweites Mal abtreiben, ist konstant gering. Vielleicht auch, weil ein zweiter Verhütungsunfall moralisch strenger geahndet wird als der erste. Einmal kann ja etwas passieren, aber wehe es passiert ein zweites Mal. Dass Körper keine Maschinen sind und Verhütungsmittel nicht 100 Prozent Schutz bieten, tut den Moralpredigten keinen Abbruch. Im Angesicht all dieser Vorurteile gegenüber Frauen grenzt es an ein Wunder, dass der Schwangerschaftsabbruch seit 1975 in Österreich und Deutschland nicht mehr strafbar ist. Im Rahmen der sogenannten Fristenlösung geregelt, sind Frauen vor den gefährlichen Folgen illegaler Abbrüche besser geschützt, aber immer noch von zahlreichen Einschränkungen betroffen.

FRAUEN DÜRFEN IN ÖSTERREICH EINE SCHWANGERSCHAFT STRAFFREI ABBRECHEN,

- »wenn der Schwangerschaftsabbruch innerhalb der ersten drei Monate nach Beginn der Schwangerschaft nach vorhergehender ärztlicher Beratung von einem Arzt vorgenommen wird.«
- »wenn der Schwangerschaftsabbruch zur Abwendung einer nicht anders abwendbaren ernsten Gefahr für das Leben oder eines schweren Schadens für die körperliche oder seelische Gesundheit der Schwangeren erforderlich ist oder eine ernste Gefahr besteht, dass das Kind geistig oder körperlich schwer geschädigt sein wird.

Weiters ist ein Abbruch erlaubt, wenn die Schwangere zur Zeit der Schwängerung unmündig gewesen ist und in allen diesen Fällen der Abbruch von einem Arzt vorgenommen wird.«

Die Hinzuziehung eines Arztes ist obligatorisch, außer »wenn der Schwangerschaftsabbruch zur Rettung der Schwangeren aus einer unmittelbaren, nicht anders abwendbaren Lebensgefahr unter Umständen vorgenommen wird, unter denen ärztliche Hilfe nicht rechtzeitig zu erlangen ist.«[67]

Noch gibt es in Österreich (im Gegensatz zu Deutschland) keine vorgeschriebene Wartezeit, keine vorgeschriebene Beratung in einer Beratungsstelle, keine inhaltlichen Vorgaben für die ärztliche Beratung, und die Frau muss ihre Gründe für den Abbruch nicht angeben. Die Angabe persönlicher Daten ist nicht notwendig, weil es keine Meldung an die Krankenkassen oder andere Institutionen gibt. All das könnte sich aber ändern, weil die an konservativen Werten orientierte Offensive auch politischen Rückenwind bekommt. Und zwar nicht nur bei den Männern, sondern von Frauen.

Als Reaktion auf die unsicheren gesellschaftlichen Verhältnisse und einer damit einhergehenden Identitätsunsicherheit bei beiden Geschlechtern wird der Muttermythos ideologisch wiederbelebt.

So schlägt man zwei Fliegen mit einer Klappe: Die Frauen können die fehlende Anerkennung und Einfluss durch ihre mütterliche Position kompensieren und Männer müssen ihre angestammten Machtbereiche nicht abgeben. Beide können so Interesse daran haben, dass sich der Staat in das körperliche Selbstbestimmungsrecht der Frauen einmischt.

Es ist daher wenig überraschend, dass die konservative Offensive von Biedermännern ebenso wie von Brandstiftern vorangetrieben wird. In einigen Ländern wie Polen hatte diese Offensive bereits massive Einschnitte in das körperliche Selbstbestimmungsrecht der Frauen zur Folge, obwohl die Rechtslage klar war. Auch in Österreich stellen Kommentare wie jener des Ex-FPÖ/BZÖ-Abgeordneten Ewald Stadler, der Abtreibungen mit Massenmord in den Konzentrationslagern verglich, und damit sowohl betroffene Frauen wie auch ausführendes (medizinische) Personal als Mörder abstempelte, das hart erkämpfte körperliche Selbstbestimmungsrecht der Frauen infrage. In die gleiche Kerbe schlägt der FPÖ-Chef und jetzige Vizekanzler Heinz-Christian Strache, der 2009 zu Stadlers KZ-Vergleich meinte:»Naja. Wir verlieren jährlich rund

60.000 Leben, das ist, hochgerechnet auf Jahre und Jahrzehnte, auch eine Katastrophe für die Menschheit.«[68]

In diesen Zitaten klingt bereits an, dass das körperliche Selbstbestimmungsrecht der Frauen als Gefahr für die Gesellschaft gesehen wird. Simone de Beauvoir sprach schon vor Jahrzehnten Klartext: Die Männer verbieten die Abtreibung im Allgemeinen, akzeptieren sie aber im Einzelnen als eine bequeme Lösung. Sie können es sich leisten, einander mit leichtfertigem Zynismus zu widersprechen, aber die Frau spürt diese Widersprüche in ihrem Fleisch.»Nach wie vor, und in letzter Zeit wieder verstärkt, ist der gesellschaftliche und psychologische Erwartungsdruck an Frauen, Kinder zu bekommen, groß und auch die Mutterschaft wird wieder ausdrücklich und nachhaltig als weibliche Lebenserfüllung gefeiert«,[69] weiß auch die Schweizer Psychologin Gaby Gschwend zu berichten.

Mutterschaft als weibliche Lebenserfüllung? Das wird in Österreich und Deutschland schon länger propagiert. 2009 erklärte der heutige Vizekanzler Strache der österreichischen Tageszeitung *Der Standard*:»Ich setze mich für das Leben ein. Wir müssen den Frauen helfen, sich für das Leben zu entscheiden. Da gibt es in Deutschland tolle Modelle mit verpflichtender Beratung. Da soll sich der österreichische Staat endlich einbringen.«[70] Dass in verpflichtender Beratung jedenfalls stets interessengeleitete Faktoren zum Tragen kommen, die sich je nach politischer Couleur ändern, steht außer Zweifel. Fraglich ist jedoch, in welchem Verhältnis der Nutzen für den Staat zum Nutzen für die betroffene Frau steht. Aufschlussreich ist, dass vor allem die rechtskonservative und neoliberale Politik, die so heftig bestrebt ist, die Rechte des Embryos zu verteidigen, sich weder um die Kinder kümmern will, sobald sie auf der Welt sind, noch um die ökonomische Zukunft ihrer Mütter. Vom Willen, Recht und Wohl der Frau ist nicht die Rede. Was zum Beispiel würde es für Frauen bedeuten, wenn Abtreibungen plötzlich wieder illegal wären? Weniger Abtreibungen oder nicht viel mehr heimliche Schwangerschaftsabbrüche, die die Gesundheit und Existenz der betroffenen Frauen gefährden? Ein Blick in die Geschichte liefert eine eindeutige Antwort. Tatsache ist, dass die konservative Politik gerne die Oberhoheit über die weibliche Reproduktionsfähigkeit hätte. Lässt man sie an die Macht, will sie nicht nur keine legalen Abtreibungen mehr, sondern moralisiert auch gegen die bewährten Verhütungsmethoden. Was bleibt also Frauen, die eine Schwangerschaft vermeiden möchten: Abstinenz oder »natürliche« Verhütung mit der Kalendermethode? Diese Forderungen muten realitätsfern an. Im Durchschnitt könnten Frauen ohne Verhütung circa 15 Schwangerschaften im Leben haben. Das können doch nicht einmal die Biedermänner in Deutschland und Österreich wollen. Aufklärung und Prävention ungewollter Schwangerschaften sehen anders aus. Eine Folge dieser Versäumnisse ist eine der höchsten Abtreibungsraten (in Österreich etwa 30.000 pro Jahr). Wobei die meisten Frauen, die abtreiben, nicht unerfahrene Teenager sind, sondern bereits Kinder haben. Viele davon sind Migrantinnen, die oftmals die Folgen eines konservativen Weltbilds zu tragen haben.

Österreich ist eines der wenigen Länder in Westeuropa, in dem Jugendliche selbst für ihre Verhütung bezahlen müssen. Während die SPÖ, die Grünen und die NEOS 2017 in ihren Wahlprogrammen gratis Verhütungsmittel für unter 18-Jährige fordern, ist die ÖVP gegen kostenlose Verhütungsmittel für Jugendliche. Sie sehen keine Notwendigkeit für gratis Verhütung für Jugendliche, sondern setzen »in erster Linie auf Bewusstseinsbildung«. Selbst die FPÖ meldet bei Nachfrage, »den Zugang zu wirksameren Verhütungsmethoden kostengünstiger auszugestalten, [dies] sollte in der kommenden Gesetzesperiode daher ernsthaft beraten werden.«[71] Die SPÖ und die Grünen gehen noch einen Schritt weiter und wollen auch erwachsenen Frauen mit keinem oder einem geringen Einkommen den Zugang zu kostenfreien Verhütungsmitteln ermöglichen. Mit diesen umzugehen, muss man allerdings auch lernen. Und hier kommen wir zu einem weiteren Haken.

Zwar waren sich alle Parteien schon im Nationalratswahlkampf 2017 einig, dass sexuelle Bildung eine wichtige Maßnahme ist, um die hohe Zahl an Schwangerschaftsabbrüchen in Österreich zu reduzieren. Worin sie sich nicht einig sind, ist die Frage, wer denn diese »sexuelle Bildung« vermitteln soll. Als die konservative ÖVP im Nationalratskampf 2017 betonte, dass »Erziehung – und damit natürlich auch Sexualerziehung und Aufklärung – in erste Linie Verantwortung der Eltern« sei, mochte das die Angst vieler konservativer und religiöser Eltern vor »unkontrolliertem Wissen« ihrer Kinder lindern. Jedoch wissen sogar viele Erwachsene viel zu wenig über die Vorgänge des eigenen Körpers. Wieso man glaubt, dass es besser sei, wenn gerade solche Eltern ihr Un- oder Halbwissen mit ihren Kindern teilen sollen statt ausgebildetes Lehrpersonal oder Experten, bleibt schleierhaft.

All diese Probleme lassen sich im historischen Kontext besser verstehen. Hier spielt die erzkatholische Geschichte Österreichs eine wichtige Rolle, die tiefe Spuren in Gesellschaft und Geschlechterbeziehungen hinterlassen hat. Sie hat unter anderem dazu geführt, dass es eines von wenigen Ländern in Westeuropa ist, in dem es weder Verhütungsmittel noch Schwangerschaftsabbruch auf Krankenschein gibt. Die Begründung ist einfach: Der Regierung scheint es nur darum zu gehen, mehr Geburten zu haben, unabhängig davon, ob sie gewünscht sind oder ob die Möglichkeiten seitens der Frau und ihres Partners vorhanden sind, diese Kinder verantwortungsbewusst ins Leben zu begleiten. In Deutschland übernimmt das Sozialamt die Kosten für einen Schwangerschaftsabbruch, wenn das Nettoeinkommen der Frau unter etwa 1000 Euro liegt. In Österreich müssen ihn die Frauen selbst bezahlen. Die Kosten dafür schwanken zwischen etwa 350 und 800 Euro.[72] Diese fehlende soziale Unterstützung trifft vor allem Alleinerzieherinnen oder Frauen mit mehreren Kindern.

Ein wesentlicher Punkt, nach dem sich eine verantwortungsvolle Entscheidung für oder gegen ein Kind richtet, ist das Geld.

Wer nicht genug verdient, wird in der Folge Probleme haben, Geld für stundenweise Kinderbetreuung, für einen guten Kindergarten und Schule aufzubringen, um weiter arbeiten gehen zu können. Für die Partner dieser Frauen heißt das: So lange die Geburt eines Kindes für einen Mann bedeutet, dass er neben dem Kind auch die Mutter zu versorgen hat, »gerät jede Frau, die schwanger wird, in den Verdacht, ein hinterlistiges Attentat zu planen.«[73] Ein weiterer Faktor ist die immer öfter fehlende familiäre Vernetzung. Die Großeltern der jungen Mütter und Väter sind nämlich anders als in früheren Generationen oft selber noch berufstätig und/oder haben einfach keine Lust, noch einmal Kinder zu betreuen.

Christian Fiala, österreichischer Gynäkologe und Leiter des weltweit einzigartigen Museums für Verhütung und Schwangerschaftsabbruch (MUVS) in Wien, beschreibt die Motive vieler Patientinnen: »Sie führen einen Abbruch durch, weil sie wissen, wie viel Zeit, Geld und Fürsorge Kinder benötigen, die sie unter ihrem Nachwuchs aufteilen müssen, oder weil sie wissen, dass sie zu einem späteren Zeitpunkt einem weiteren Kind eine bessere Grundlage bieten können. Doch diese Perspektive, dass Abtreibung eine verantwortungsvolle Entscheidung ist, die Frauen für sich und ihre Familien treffen, dass sie sogar oft den Weg bereiten für eine spätere Mutterschaft, die für alle Beteiligten besser ist, hat im gängigen Gruselnarrativ keinen Raum.«[74] Die Frage der Fortpflanzung ist also komplexer geworden. Wenn wir eine emanzipierte Gesellschaft wollen, in der sich jede und jeder frei entfalten kann und Familienpolitik zum Wohl der Eltern und Kinder gemacht wird, können wir nicht gegen Verhütung und Schwangerschaftsabbrüche sein.

■

BLUT, BURKA
UND BEKENNTNIS

"

*Was wäre, wenn der wahre Skandal,
den dieser Schleier zu verbergen sucht,
nicht der von ihm verborgene Körper ist,
sondern die Nichtexistenz des Weiblichen?*

*Wenn demzufolge die Funktion des Schleiers
letztlich darin bestünde,
die Illusion aufrechtzuerhalten,
dass da etwas hinter dem Schleier ist,
das substantielle Ding?*

SLAVOJ ŽIŽEK,
Blasphemische Gedanken

HERR BIEDERMANN MEINT:

DIE *Frauen sollen sich wegen der Regelblutung nicht so anstellen. Dafür müssen sie nicht zum Bundesheer.*

DIESE *Kopftuchfrauen sind eh arm, aber sie gehören einfach nicht zu uns.*

EUROPA *ist auf christlichen Werten gebaut. Da gibt's keine Diskussion.*

MAN KANN SICH seinen Körper nicht aussuchen, dennoch bildet er die Grundlage unseres Daseins. Klar eigentlich, dass etwas, das so wichtig für den Menschen ist, auch mit Machtinteressen verbunden ist. Politik wirkt sich immer auf den Körper aus. Doch speziell der weibliche Körper, so zeigt die Geschichte, wurde seit jeher besonders stark tabuisiert. Einer der Biedermänner, der diese Tabus wissenschaftlich zu untermauern versucht und so wesentliche frauenfeindliche Vorurteile reproduziert hat, war wohl Sigmund Freud. In seinen »Drei Abhandlungen über die Sexualtheorie« präsentierte er ausführlich seine Theorie des weiblichen »Penisneids«. Er beginnt damit, dass das Mädchen erkennt, dass es keinen Penis besitzt und sich einbildet, dass es »kastriert« worden sei. Aus dem Gefühl der Minderwertigkeit gegenüber den Buben entwickle das Mädchen nun Neid auf den Penis des Mannes, was fortan sein ganzes Leben bestimmt.

Dabei übersah die Psychoanalyse gekonnt, dass sie ihrer Logik nach Männlichkeit als Normalfall und Weiblichkeit lediglich als Defizit annahm. Die Theorie übersah auch, dass die Gründe für den »angeblichen« Penisneid nicht auf anatomischen Unterschieden beruhen müssen, sondern im Neid auf soziale Ungleichheit begründet sein können. Auch kritische Stimmen, die im Konzept des »Penisneids« einen versteckten »Gebärneid« der Männer diagnostizierten, blieben ohne wirkliche Resonanz. Trotz aller Kritik am Freud'schen Konzept blieb die Wahrnehmung der Frau als »defizitär«, also als »Mann ohne Penis«, die noch heute das Selbstverständnis vieler Frauen prägt. Dabei ist es nicht so, dass Buben und junge Männer nicht im selben Ausmaß mit anatomischen Unannehmlichkeiten konfrontiert wären. Sie verbringen eine nicht unwesentlich lange Zeit ihres jungen Lebens damit, die Erektion ihres Penis kontrollieren zu lernen. Ihrem Selbstbewusstsein scheint das aber nicht im selben Maß abträglich zu sein wie die Menstruation bei den gleichaltrigen Mädchen. Überraschend ist dabei vor allem, dass Frauen nicht nur von Männern, sondern auch von Frauen (!) gleichermaßen stigmatisiert werden.

EINE GESCHICHTE VOLLER MISSVERSTÄNDNISSE?

Ein gutes Beispiel dafür ist die Menstruation. Zwar sieht man überall in den Medien halb nackte oder nackte Frauen, hat aber ein ungutes Gefühl dabei, einen Tampon in aller Öffentlichkeit zu zücken oder Binden zu kaufen. Nicht nur die Biedermänner und Brandstifter haben ein Problem mit der Menstruation, sondern unsere gesamte Gesellschaft tabuisiert, dass Frauen im gebärfähigen Alter im Monat durchschnittlich 65 ml Blut verlieren. Obwohl diese Blutung das Ergebnis der Fruchtbarkeit und damit Ursprung aller menschlichen Existenz ist, werden Menstruierende in allen religiösen Schriften sowie in medizinischen Berichten bis Mitte des 20. Jahrhunderts als »schädlich«, »unrein«, »widerlich« und bis heute als defizitär dargestellt.

Kaum eine Frau wurde nicht schon einmal mit dem Verweis auf ihre körperliche »Schwäche« als »hysterisch«, »empfindlich« oder »aggressiv« bezeichnet. Als besonders beschämend kann man den Kommentar von Brandstifter Donald Trump gegenüber FOX-Moderatorin Megyn Kelly sehen, der im Interview mit CNN nach einer gescheiterten Konfrontation mit Kelly geiferte: »Da tropfte Blut aus ihren Augen, Blut aus ihrer Wo-auch-immer.« Frei übersetzt: Sie menstruiert und kann deshalb nicht für voll genommen werden. Menstruation als Totschlagargument? Der weibliche Körper als Handicap?

Biedermännern und Brandstiftern gefällt es jedenfalls, den Frauenkörper als defizitär zu stilisieren. Dabei ist es nicht der Körper an sich, sondern größtenteils »die Angst, Frau zu sein, die den weiblichen Körper zerfrisst. Wenn also die biologische Situation der Frauen ein Handikap für sie bedeutet, so nur wegen der Perspektive, in der sie befangen ist.«[75] Diese hinderliche Perspektive gewinnt sie spätestens ab der Menarche. Der Zeitpunkt der ersten Menstruation ist der, in der das Mädchen endgültig zu einer

»richtigen Frau« und somit vollständiger Teil der vorherrschenden Geschlechterverhältnisse wird. In Ländern wie Nepal und Indien brechen 20 Prozent der Mädchen mit dem ersten Tag ihrer Menstruation die Schule ab, in vielen anderen Ländern verbietet man ihnen, währenddessen aus dem Haus zu gehen oder verbannt sie in eigene Hütten, weil die Verbreitung von Krankheiten befürchtet wird.

»Also bitte«, werden sich jetzt einige Leser denken, »alles ist viel aufgeklärter und besser in Mitteleuropa!« Immerhin ist die Monatsblutung hier nur ein inoffizielles Tabu. Doch es ist mitnichten so, dass nur pubertierende Burschen das Thema »Menstruation« als »unwichtig und peinlich« abtun, wie eine anonyme Umfrage unter 1.100 österreichischen Jugendlichen zwischen 13 und 17 Jahren aus dem Jahr 2017 zeigte.[76] Laut Umfragen in Deutschland fühlt sich die Hälfte der Frauen in sozialen Situationen unwohl, wenn sie menstruieren. 16 Prozent der Frauen haben hierzulande schon einmal Schule, Arbeit oder eine Veranstaltung verpasst, aufgrund der Angst, dass jemand bemerken könnte, dass sie gerade menstruieren.

»Ich bin überzeugt, daß die meisten Beschwerden und Krankheiten, die den Frauen zu schaffen machen, psychische Ursachen haben. Das haben mir übrigens auch Gynäkologen bestätigt«, schrieb Simone de Beauvoir schon 1949. »Wegen der inneren Spannung, von der ich sprach, wegen all der Aufgaben, die sie zu erfüllen haben, wegen der Widersprüche, mit denen sie sich herumschlagen, sind die Frauen dauernd unter Druck, am Rand ihrer Kräfte.«[77] Damit deutet sie nicht an, dass »Frauenleiden« eingebildet wären, ganz im Gegenteil. Das Entscheidende ihrer Aussage ist der Hinweis, dass diese Situation nicht vom Körper abhängt, sondern der Körper von dieser Situation.

Auch hierzulande gibt es Frauen und Mädchen, die in Alltag, sozialen Situationen, Bildung und Arbeit aufgrund des Menstruationstabus gehemmt und behindert werden.

So haben beispielsweise viele Migrantinnen mit streng religiösem Background Schwierigkeiten, Zugang zu Monatshygiene zu bekommen, und wissen nicht gut genug über ihren Zyklus Bescheid. Aber die Diskriminierung betrifft nicht nur Minderheiten.

Während sich Frauen einer normalen Körperfunktion schämen, hat der tabuisierte und wenig aufgeklärte Umgang mit der Monatsblutung auch Negativfolgen für die Umwelt. Eine Frau benötigt durchschnittlich zwischen 10.000 und 17.000 Tampons oder Binden in ihrem Leben. Es braucht nicht viel Fantasie, um sich die Müllberge vorzustellen, die bei durchschnittlich 450 Monatszyklen einer Frau im Laufe ihres Lebens zusammenkommen. Dass sich zum Auffangen des Menstruationssekrets vorwiegend Einmalartikel durchgesetzt haben, ist kein Naturgesetz. Es ist auch keine Frage des fehlenden Angebots, denn Menstruationstassen aus Latex oder Silikon, die das Sekret innerhalb der Scheide in einem Becher auffangen, der dann ausgeschüttet, ausgewaschen und sofort wieder eingesetzt werden kann, gibt es seit Längerem. Viel eher scheinen Scham und Ekel gegenüber dem Menstruationsblut der Grund zu sein, warum sich nachhaltigere Lösungen nicht durchgesetzt haben. Auf lange Sicht käme beispielsweise die Menstruationstasse trotz höherer Erstanschaffungskosten nicht nur der Umwelt, sondern auch der Geldbörse zugute.

Und wenn wir schon über Geld sprechen, dann gleich auch über die Besteuerung von weiblichen Hygieneartikeln. Die sogenannte »Tamponsteuer« gelangte in Österreich und Deutschland zu zweifelhaftem Ruhm. In beiden Ländern sind diese Produkte mit dem vollen Mehrwertsteuersatz von 19 beziehungsweise 20 Prozent belastet und spielen damit wie Kaviar oder Schnittblumen in der Steuerliga »Luxusartikel«. Böse Zungen behaupten, dass für diese Besteuerung nicht die gestimmt haben, die menstruieren. Die konkreten Kosten für die einzelne Frau sind erschreckend hoch: Laut Berechnungen der Seite bloodyluxurytax.de zufolge bewegt sich der Durchschnittswert sogar im hohen vierstelligen Bereich:

bei 8.600 Euro.[78] Diese Summe macht deutlich, dass die Menstruation ein gutes Geschäft ist – für den Staat wie für die Industrie. Das wissen auch die Finanzminister. Als der damalige österreichische Finanzminister Hans Jörg Schelling (ÖVP) 2016 eine Initiative zur Reduktion des Steuersatzes auf »Monatshygieneartikel« abschmetterte, begründete er das mit dem Wunsch nach einer Vereinheitlichung der Umsatzsteuer in der gesamten EU. Man wolle keine weiteren Ausnahmen schaffen. Interessanterweise schreibt die EU aber einen ermäßigten Mehrwertsteuersatz von mindestens fünf Prozent vor. Länder wie Frankreich folgten diesen Vorgaben bereits, das seinen Steuersatz auf Damenhygieneprodukte zuletzt auf 5,5 Prozent senkte, in Irland gibt es gar keine Tamponsteuer. Schade also, dass es die österreichische und deutsche Regierung bis jetzt vorziehen, nicht zu diesen lobenswerten Ausnahmen gehören zu wollen. Während auch Länder wie Australien die Steuer kippen oder zumindest eine ernste Diskussion über das Thema führen, ist selbst eine Senkung auf maximal zehn Prozent in Österreich und Deutschland nicht im Gespräch. Dabei würde diese Senkung auf die Mehrwertsteuerhöhe von Gütern des täglichen Bedarfs gerade armutsgefährdete Frauen entlasten. Unterm Strich bleibt, dass Frauen weder in Österreich noch in Deutschland finanziell gleichberechtigt sind und fair entlohnt werden, darüber hinaus dürfen sie auch noch »Luxussteuern« auf Produkte zahlen, auf die sie nicht verzichten können. Oder können sie doch?

Viele der Frauen damals und heute erachten das regelmäßige Eintreten der Menstruation als natürlich, selbst wenn sie seit langer Zeit hormonell verhüten. Als die Pille in den 1960er-Jahren entwickelt wurde, orientierten sich die Forscher am Zyklus der Frau, der im Durchschnitt 28 Tage umfasst. Die Pause samt Blutung basiert also »nicht auf einer biologischen Notwendigkeit, sondern wurde von den Erfindern der Pille wie Biochemiker Gregory Pincus aus »[...] Marketingüberlegungen eingeführt, um einen ›natürlichen‹

Zyklus nachzuahmen und damit die Akzeptanz der Pille unter Frauen zu erhöhen sowie die Zulassung durch die US-Gesundheitsbehörde FDA zu erleichtern. [...] Die monatliche Hormonpause wurde nur eingeführt, weil es in den 1960er-Jahren nicht vorstellbar war, Frau zu sein und nicht zu menstruieren.«[79] Die hormonellen Verhütungsmittel sollten dabei den weiblichen Zyklus imitieren. Zur gesellschaftlichen Vorstellung vom »Frausein« gehörte die Menstruationsblutung dazu. Um die soziale Akzeptanz des Mittels zu gewährleisten, wurde also die Blutung ohne medizinische Notwendigkeit »künstlich« ausgelöst.

Wenn Mediziner wie der österreichische Gynäkologe Christian Fiala verkünden, dass die monatliche Menstruation kein Muss ist, klingt das revolutionär. »Aus medizinischer Sicht gibt es keinen Grund, warum Frauen jeden Monat Schmerzen und Einschränkungen hinnehmen sollten«, klärt der Gynäkologe auf. »Ganz im Gegenteil – wer menstruiert, hat die Wahl, wann und wie oft die Blutung stattfindet.«[80] Würde die Pille einfach durchgehend ohne Unterbrechung eingenommen, gäbe es keine Blutung mehr bei besserem Schutz vor ungewollter Schwangerschaft. Geschichtlich gesehen waren Frauen früher die meiste Zeit schwanger oder stillten. Die Menstruation war in ihrem Leben also nicht die Regel, sondern die Ausnahme.

Ganz anders heute: Im Kapitel »Generation der unendlichen Möglichkeiten« war schon die Rede davon, dass viele Frauen heutzutage dem Mythos der »Rückkehr zur Natur« erlegen sind, mit der eine Skepsis gegenüber hormonellen Verhütungsmitteln einhergeht. Natürlich sollen mögliche Risiken und Nebenwirkungen wie bei jedem Medikament nicht kleingeredet werden, eine umfassende Bewusstseinsbildung und Beratung ist hier essenziell. Dass ungewollt dauerschwanger zu sein, das größere Übel ist, steht wohl außer Zweifel. Auch gibt es nicht hormonelle Alternativen wie zum Beispiel die Kupferkette oder die Kupferspirale. Nachteile haben alle.

Ein weiteres Problem ist der Preis: Für viele (junge) Frauen geht diese Option schon ins Geld. Wenn sie überhaupt wissen, dass es diese Möglichkeit gibt. Aber warum sollten Frauen nicht andenken, die monatliche Regelblutung überhaupt auszulassen, wenn sie als lästiges Übel empfunden und als gesellschaftliches Tabu gebrandmarkt wird? Warum nicht auf körperliche Missempfindungen verzichten, wenn man sie verhindern kann? Die meisten würden doch auch Medikamente zur Schmerzlinderung nehmen und nicht darauf pochen, Kopf- und Zahnschmerzen einfach »natürlich« auszusitzen. Warum unnötig leiden? Die Frage ist eher, welche Frauen sich diese hormonelle »Menstruationslosigkeit« leisten könnten, wenn sie wollten? Frau zu sein ist teuer! Wäre es nicht geschlechtergerecht, wenn der Staat beziehungsweise die Krankenkassen diese Kosten übernähmen? In welcher Abhängigkeit stünden diese Frauen dann zu den Medizinern, die ihnen diese Mittel verschreiben, oder sollten diese rezeptfrei zugänglich sein? Dann allerdings müssten Aufklärungsunterricht und Verhütung stärker in der Schule verankert sein und nicht in den Händen der Familien liegen, wie es die ÖVP sieht, um nicht Halbwahrheiten und Druck auf die Mädchen auszuüben. Im Moment sind Frauen noch weit davon entfernt, befreit mit ihren Körperfunktionen umzugehen und ihre Fruchtbarkeit selbstbestimmt kontrollieren zu können.

DIE SACHE MIT DER BURKA

Auch importierte Frauenbilder aus dem Nahen Osten spielen in der aktuellen feministischen Kontroverse eine Rolle. Die meisten sind religiös-konservativ und mit bestem Willen nicht als säkularemanzipiert zu bezeichnen. Wie wenig behend man mit dieser

Problematik umgeht, zeigt sich an der Debatte um die Burka: ein Kleidungsstück, das im Verdacht steht, die Ungleichheit der Geschlechter zu verfestigen und ferner ein Mittel zur Unterdrückung der Frauen sowie das Symbol eines zutiefst konservativ geprägten, politischen Islams zu sein. Da der Koran als moralische Quelle kein (eindeutiges) Verschleierungsgebot für Frauen ausspricht, gibt es auch für die Burka offiziell keinerlei religiöse Legitimation. Überraschend also, warum das Verbot kontrovers diskutiert und in Österreich dann 2017 so skurril als »Anti-Gesichtsverhüllungsgesetz« umgesetzt wurde.

Ziele des Gesetzes sollen »die Förderung von Integration durch die Stärkung der Teilhabe an der Gesellschaft und die Sicherung des friedlichen Zusammenlebens in Österreich« sein, deren »Gelingen von der Mitwirkung aller in Österreich lebenden Menschen abhängt und auf persönlicher Interaktion beruht«.[81] Man muss dieser scheinheiligen Argumentation der Regierung nicht folgen, um trotzdem für ein Burkaverbot zu sein. Es gibt wesentlich bessere Argumente als die der rechten Brandstifter. Wir erinnern uns, dass sich der Staat eigentlich in nichts einmischen sollte, was den Körper der Frau betrifft. Davon war schon im Abschnitt zur Abtreibung die Rede. Damit forderten Aktivistinnen der letzten Frauenbewegung die Garantie auf körperliche Unversehrtheit und Selbstbestimmung von staatlicher Seite ein. Die Frage ist nun, ob nicht gerade die letzten beiden durch die Burka gefährdet sind und der Staat nicht aus diesem Grunde eingreifen müsste. An dieser Stelle sei Elisabeth Badinters Hinweis erwähnt, dass es in der Diskussion um die Burka vor allem um die Sichtbarkeit des Gesichts geht, das die Identität einer Person zeigt und so persönliches Kennenlernen ermöglicht. »Von Angesicht zu Angesicht sprechen« ist hier nicht als leere Floskel gemeint, denn das Gesicht ist seit unserer Geburt von zentraler Bedeutung für unseren Bezug zur und unseren Dialog mit der Außenwelt. Die Burka ist somit ein »kommunikatives Hindernis«.

Das Problem verschärft sich mit der Einsicht, dass dieses »kommunikative Hindernis« kein Zufall ist, sondern die Interaktion (mit dem »anderen Geschlecht«, dem »Fremden«) durch die Burka absichtlich eingeschränkt werden *soll*. Im Verbot kann es also nicht darum gehen, was die Burka für Einzelne bedeutet, sondern was sie im Sozialen macht. Sie trennt Menschen – insbesondere nach Geschlechtern, darüber hinaus aber auch »Fremdes« von »Bekanntem«, »Gläubige« von »Ungläubigen«. Sie behauptet also quasi »absolute soziale Dualitäten«, die voneinander abgeschirmt werden müssen. Dabei verweigert beziehungsweise erschwert das Tragen der Burka auch die soziale und politische Partizipation in einem Ausmaß, das für funktionierende demokratische und soziale Prozesse in liberalen, säkularen Gesellschaften problematisch ist. Die Diskussion um weibliche Bekleidungsverbote zeigt ein viel schwerwiegenderes Problem auf. Sie macht deutlich, dass die gegenwärtig herrschende Toleranz die westliche Demokratie gefährdet. Sie akzeptiert aggressive Politik, Aufrüstung, Aufhebung der Freiheitsrechte, rechtsextreme Demonstrationen, toleriert Bewegungen, die selbst ganz und gar nicht tolerant und demokratisch sind, sowie eine Geschlechterhierarchie, die lediglich auf religiösen Dogmen beruht. Statt für eine Gesellschaft zu kämpfen, in der kein Mann der Überzeugung ist, es sei sein Recht, einer Frau die Kleidung vorzuschreiben, und keine Frau meint, ihr Gesicht nicht öffentlich zeigen zu können, geht unsere Toleranz so weit, dass sie die Geschlechterungerechtigkeit als kulturelle Vielfalt akzeptiert. Folgt man Herbert Marcuse, schließt die Idee der Freiheit in demokratischen Gesellschaften die Toleranz gegenüber rückschrittlichen Bewegungen aus. Wenn wir der Geschlechterapartheid der Biedermänner einen Riegel vorschieben wollen, müssen sich Frauen dagegen wehren, sich von den Biedermännern, egal welcher politischen Couleur und welchen religiösen Glaubens, sagen zu lassen, was sie von Frauen zu halten haben.

Wer wirklich etwas für die Frauen tun will, müsste zuerst etwas gegen diese Biederfrauen tun, und sie – wie Männer – öffentlich kritisieren dürfen. Statt die »Freiwilligkeit« des Schleiers zu bezweifeln, könnte man eine Diskussion darüber führen, dass in traditionell muslimischen Familien nicht der »freie Wille« der Töchter im Vordergrund steht, sondern deren Erziehung zum Gehorsam. Die Tochter weiß, dass man sie als Frau, »wenn man sie anschaut, nicht von ihrem Äußeren unterscheidet: Sie wird über ihre Aufmachung beurteilt, geachtet, begehrt. Ursprünglich dazu bestimmt, sie handlungsunfähig zu machen, ist ihre Kleidung empfindlich geblieben.«[82] Das gilt frei nach Simone de Beauvoir für High Heels ebenso wie für die Burka und das Kopftuch.

Zwischen islamistischen, fundamental christlichen und ähnlichen wertkonservativen Biedermännern und der immer brachialer werdenden Rechten bestehen viel mehr Gemeinsamkeiten als Unterschiede.

Ihre gemeinsame Offensive will das Rad der Geschichte zurückdrehen, individuelle Freiheitsrechte durch antiaufklärerische, vormoderne Dogmen ersetzen. In einer Zeit, in der das Schicksal Einzelner durch ihre Zugehörigkeit zu einer Rasse, Religion, Nation – oder im Fall der Frauen zu einem Geschlecht – bestimmt wird. Für die »emanzipierten«, also »freien« Frauen heißt das, dass sie beharrlich zur »leichtlebigen Frau« stilisiert werden, deren Freiheit eine moralische Bedrohung der Gesellschaft darstellt. Walter Benjamins alte Einsicht, dass jeder Aufstieg des Faschismus von einer gescheiterten Revolution zeugt, wird gerade durch die jüngsten Wandlungen des muslimischen Fundamentalismus bestätigt. Demzufolge ist der Aufstieg des Faschismus immer auf ein Versagen der Linken zurückzuführen. Eines, das beweist, dass es ein revolutionäres Potenzial gab, »dass eine Unzufriedenheit mit den Verhältnissen wirklich existierte, die Linke diese jedoch nicht zu mobilisieren verstand.«[83]

Ganz im Gegensatz zu den konservativen und rechten Kräften: Wenn uns die Biedermänner zusammen mit den Brandstiftern im Regierungsprogramm erklären, dass sie etwas für die Frauen tun, indem sie ihnen »Stabilität, Sicherheit und Vertrauen« garantieren, dann vergessen sie, dass ihre eigene Geschlechterapartheid dies verhindert. »Dies gilt auch für zugewanderte geflüchtete Frauen, die unserem Gesellschaftsbild vertrauen müssen«, liest man weiter. »Die Frauen müssen bei uns die Möglichkeit haben zu lernen, welche Rechte und Freiheiten sie bei uns haben.«[84] Aber was sind unsere »Frauenrechte« anderes als Menschenrechte? Frauenrechte *sind* Menschenrechte, dieser Grundsatz der Wiener Menschenrechtskonferenz von 1993 ist leider in vielen Bereichen auch in Österreich noch nicht angekommen. Wir können sogar eine umgekehrte Entwicklung erkennen: Die Politik der rechten Biedermänner stellt nicht nur sie, sondern die Grund- und Menschenrechte, die allen Menschen einer Gesellschaft Schutz bieten sollten, ganz allgemein infrage.

KORREKTE BEKENNTNISSE

Im gleichen Fahrwasser verläuft die Debatte rund um Bekleidungsgebote. Hier geht es um die Provokation, die die Frau an sich darstellt. Denn diese Debatte betrifft immer die Ver- und Enthüllung des weiblichen Körpers. Niemals hat jemand so viel Zeit aufgewendet, über die erlaubte Bartlänge und Kopfbedeckungen der Männer zu diskutieren und deren Gefahr für das weibliche Geschlecht zu thematisieren. Im patriarchalen Weltbild ist es stets die Frau, deren Sexualität kontrolliert werden muss, weil sie den Männern »gefährlich« werden kann. Dieser Gedanke gibt einen Hinweis darauf, wie es sein kann, dass über ein kleines Stück Stoff über Frauengesichtern und auf Frauenköpfen hitzig die Grundwerte unserer Gesellschaft verhandelt werden. Die Standpunkte politischer Gruppierungen können dabei durchaus verwirrend erscheinen: Ausgerechnet konservative und/oder rechtspopulistische Biedermänner entdecken plötzlich die Frauenrechte. Wo es sonst heißt,»Frauenhäuser zerstören Ehen«,»Ob der Popsch hält, was der Blick verspricht. Das erfahren zu wollen wird nun bestraft. #PoGrapschParagraf Cui bono?« und»Familie statt Gender-Wahnsinn«, wird plötzlich propagiert:»Das Kopftuch ist Symbol für die Unterdrückung der Frau.« Ähnlich widersprüchlich ist die Position von gesellschaftsliberalen oder linken Gruppen, die Zuwanderer pauschal als benachteiligte Minderheiten behandeln, deren Rechte man jedenfalls schützen muss – egal, welches Weltbild sie vertreten. Die falsche Toleranz dieses Kulturrelativismus nützt den konservativen und rechten Biedermännern, die mit Fremdenfeindlichkeit politisches Kleingeld machen. Sie können den Emanzipierten zu Recht vorwerfen, zwar demonstrativ das Binnen-I und Frauenquoten zu fordern und die patriarchalen Strukturen der Mehrheitsgesellschaft zu kritisieren, aber zu patriarchalen Strukturen in»Migrantenfamilien« zu schweigen. Die Linke wiederum brachte grundsätzlich berechtigt die sprachliche Diskriminierung von Frauen in die öffentliche Diskussion ein. Es war wichtig, darauf hinzuweisen, dass Frauen in Grammatik und Anrede stets nur»mitgedacht« würden und die Sprache ihre untergeordnete Rolle im gesellschaftlichen und politischen Leben widerspiegelte. Der politische Denkfehler lag allerdings darin, zu glauben, dass es reiche, die Sprache zu ändern, um die Gesellschaftsstrukturen zu verändern. Statt konkrete und unliebsame Maßnahmen politisch durchzuboxen, schien es den Progressiven plötzlich nur noch darum zu gehen, wie man sprach, und nicht mehr, was man tatsächlich veränderte.

Man könnte sogar sagen, dass sie in die Falle gestolpert sind, vor der sie Karl Marx gewarnt hatte:»Die Frage, ob dem menschlichen Denken gegenständliche Wahrheit zukomme, ist keine Frage der Theorie, sondern eine praktische Frage. In der Praxis muß der Mensch die Wahrheit, d. h. die Wirklichkeit und Macht, die Diesseitigkeit seines Denkens beweisen.«[85] Genau das gelang den Progressiven nicht. Sie gerieten vielmehr in das, was Theoretiker schon lange vor Philosoph Slavoj Žižek so plastisch als Euphemismus-Tretmühle bezeichnet haben. Sie besagt, dass jeder eine Person oder Sache beschönigende Begriff irgendwann die negative Bedeutung seines Vorgängerausdrucks annehmen wird – und zwar so lange sich die tatsächlichen Verhältnisse nicht verändern. So wurde aus dem einstigen »Krüppel« langsam der »Mensch mit Behinderung«, aus den »Migranten« die »Menschen mit Migrationshintergrund« und der Kampf um die Sprache zum Ersatz für den Kampf um reale Gleichberechtigung.

Die florierende politische Korrektheit stellt also nicht ein Zuviel an emanzipatorischem Willen dar, sondern ein Zuwenig: »eine lächerliche Karikatur davon, einen billigen Ersatz; eine Miniaturisierung und Verlagerung emanzipatorischer Anliegen dorthin, wo sie mit umso größerem Eifer betrieben und verteidigt werden können, als sie niemandem mehr ernsthaft wehtun, wobei sie freilich auch niemandem mehr ernsthaft nützen (abgesehen von institutionalisierten Betreibern).«[86] Während sich urbane Bobofrauen über die richtige Anrede von »Frauen aus sozial benachteiligten Schichten« den Kopf zerbrachen, änderte sich realiter wenig oder nichts für diese zum Besseren. Dennoch stellte es sich in den medialen Debatten so dar, als ob es wirkliche Emanzipationsfortschritte gäbe, weil man immerhin über diese Ungerechtigkeiten sprach. Mit dieser gut gemeinten Symbolpolitik spielten die Linken und die Liberalen den Brandstiftern in die Hände.

Die entscheidenden Fragen, wie wir in einer demokratischen Gesellschaft mit patriarchalen Minderheiten umgehen sollen, deren Weltbild im Widerspruch zu unserer Demokratie steht, oder wie viel kulturelles Anderssein eine offene Gesellschaft aushalten

muss, ließen sich die mutmaßlich emanzipierten Menschen ausschließlich von »muslimischen Feministinnen« erklären, die den
Islam als eine Religion deuten, in der Frauenrechte seit jeher hoch-
gehalten werden. Ihre Vorgehensweise ist immer dieselbe: Mit zahlreichen Textstellen aus Koran und Hadithen wird das Bild einer
patriarchalen und reaktionären Religion in das einer die Rechte der
Frauen schützenden transformiert. Carla Amina Baghajati, zustän-
dige Medienreferentin der »Islamischen Glaubensgemeinschaft in
Österreich« (IGGÖ) und Mitgründerin der »Initiative muslimischer
ÖsterreicherInnen«, ist eine jener Repräsentantinnen der IGGÖ, die
sich öffentlich um eine religiöse Rechtfertigung für die Ungleichbehandlung von Frauen bemüht und diese abzumildern versucht.
»Ein sehr oft zitierter Satz, der besonders von Männern gerne als
Beweis für die Frauenfreundlichkeit des Islam eingebracht wird«,
so Baghajati, sei: »Der Beste unter euch ist derjenige, der seine Frau
am besten behandelt. Und ich bin derjenige, der seine Frau am besten behandelt.«[87]

Dass genau jene patriarchale Haltung der muslimischen Biedermänner, am besten zu wissen, wie man »seine Frau« behandeln
muss, zu einer paternalistischen Bevormundung der Frauen führt,
die ihre Freiheiten maßgeblich einschränkt, schien lange kein Widerspruch für die linken Emanzipierten zu sein. Sie wiederholten
wie Biederfrau Baghajati gebetsmühlenartig, dass sich »im Koran
Argumente für ein partnerschaftliches Modell« fänden. Wie ein
partnerschaftliches Modell mit Textstellen zusammengehen soll,
die Männern dezidiert das Recht zusprechen, Frauen in Ausnahme-
fällen zu schlagen, ist schwer zu verstehen. Baghajati verweist hier
auf den historischen Kontext, den man bei der Interpretation betrachten müsse. So sei auch die Verschleierung der Frau nicht ein
verpflichtendes Gebot, sondern ein Schutz vor dem sexuellen Begehren der Männer, um ihre »Unberührtheit« zu bewahren – unabhängig vom historischen Kontext und den emanzipatorischen
Änderungen der letzten Jahrzehnte.

Während die Linksliberalen das patriarchale Christentum für ihren Paternalismus gegenüber den Frauen kritisieren, tolerieren sie islamische Gebote und Verbote im Namen des Kulturrelativismus.

Während also viele Linke nach wie vor Eingriffe in patriarchale Religionspraktiken wie die Burka ablehnen, interessieren sie sich sehr wohl für die Verhüllung weiblicher Körper und wettern gegen die pornografische Werbung und die neoliberale Sexualisierung des Frauenkörpers. Wenn »linke« Feministinnen und Feministen »ein Verbot sexistischer Werbung und die Förderung von respektvollen, klischeefreien Medieninhalten« fordern, da nur dies »zu mehr Respekt für alle Geschlechter«[88] führen kann, wirkt das grotesk. Viele haben »kulturelles Verständnis« für die Ungleichheit der Geschlechter im Islam, scheinen aber taub zu sein, wenn Mädchen und junge Frauen ob ihres Kleidungsstils von selbst ernannten »religiösen Sittenwächtern« drangsaliert und als »Schlampen« beschimpft werden. Seit wann ist für sie die Unterordnung und Sexualisierung der Frau akzeptabel?

Hier sind sogar die Emanzipiertesten und Progressivsten auf einem Auge blind, wie Slavoj Žižek richtig erkennt, denn das »Bedürfnis, Frauen verschleiert zu halten, spricht für eine extrem sexualisierte Welt, in der das bloße Zusammentreffen mit einer Frau eine Provokation bedeutet, der ein Mann möglich widerstehen kann. Die Unterdrückung muss so stark sein, weil der Sex an sich so stark ist – was für eine Gesellschaft ist das, in der das Klacken metallener Absätze Männer dazu bringen kann, vor Lust zu explodieren? [...]«[89]

Wenn man den Konservatismus muslimischer Frauen und Mädchen unter diesem Gesichtspunkt betrachtet, muss man ihm ablehnend gegenüberstehen. Das Kopftuch werde natürlich aus unterschiedlichen subjektiven Gründen wie als sichtbares Bekenntnis zum Islam oder als Identitätssymbol, vielleicht auch als Zeichen der Rebellion oder des politischen Islam getragen. Die Einwände vieler

Musliminnen, eine verhüllte Frau sei doch besser als eine, die als nacktes Objekt auf westlichen Plakatwänden alltäglich ist, gehen fehl. Sowohl die einen als auch die anderen machen die Frauen zum Objekt. Die einen, indem sie Frauenkörper verhüllen, die anderen, indem sie Frauenkörper enthüllen.

Nehmen wir als Beispiel die berühmt-berüchtigte Kölner Silvesternacht 2015/2016. Damals kam es im Bereich Hauptbahnhof und Kölner Dom zu zahlreichen sexuellen Übergriffen auf Frauen durch Gruppen junger Männer aus dem nordafrikanischen und arabischen Raum. Nach den 1.054 Strafanzeigen, davon 454 Fälle von Sexualdelikten und mindestens drei Anzeigen wegen Vergewaltigung, entbrannte sofort eine internationale politische und mediale Debatte um die sexuelle Gefahr, die von »diesen« Männern ausgehe, vor allem, nachdem auch Übergriffe in Österreich und der Schweiz bekannt wurden. Ratschläge zur Vermeidung dieser Übergriffe waren auch schnell zur Hand. Was also hätten diese Frauen laut den Biedermännern tun sollen? Deren Antwort ist einfach und klar: Zu Hause bleiben, nicht alleine ausgehen.

Diese Meinung teilen sich religiöse Hardliner aller Weltreligionen übrigens mit der FPÖ, die 2015 gegen ein neues schärferes Sexualstrafrecht stimmte, das Frauen vor sexuellen Übergriffen schützen sollte. So riet der ehemalige FPÖ-Kandidat Wilfried Grießer in seiner Stellungnahme dringend davon ab, den Gesetzesentwurf in der Form zu verabschieden, wobei er auch auf § 205a Bezug nahm:»[...] Mitunter lieben es Frauen nachgerade, von einem ›wildgewordenen‹ Penis ›überfallen‹ zu werden [...] Sexualität enthält insofern immer ein Element der Gewalt (im weitesten Sinn). Völlig gewaltfreie Sexualität zu fordern ist die Forderung nach Lustlosigkeit [...] In diesem größeren Kontext betrachtet, ist § 205a ein Schritt mehr zur Kriminalisierung (männlicher) Sexualität überhaupt und zur Beförderung kollektiver Depression, die sich sodann auch im ökonomischen Feld niederschlägt.«[90]

Die sexuelle Selbstbestimmung der Frau ist in diesem Weltbild nicht nur unerwünscht, sie wirkt sich sogar schädlich auf die Männer aus. Es ist daher wenig zielführend, wie der österreichische Philosoph Robert Pfaller sagen würde, jemanden als unemanzipiert entlarven zu wollen, der keinerlei Anstrengungen unternimmt, um emanzipiert zu wirken.[91] Der letzte Aspekt gilt für alle konservativen Parteien und großen Religionen in Deutschland und Österreich. Amüsant, dass gerade diese Biedermänner, die sonst gern auf Recht und Ordnung bestehen, beim Sexualstrafrecht mitunter auf härtere Maßnahmen verzichten.

Interessant, dass ausgerechnet Österreichs damalige ÖVP-Innenministerin Johanna Mikl-Leitner tönte, dass die Polizei jedem Fall »mit null Toleranz« nachgehe. »Eines steht jedenfalls fest: Wir Frauen lassen uns sicher keinen Millimeter in unserer Bewegungsfreiheit im öffentlichen Raum einschränken«, sagte die Ministerin, die die Zahlen des Bundesministeriums für Inneres (BMI) kennen müsste. Diese zeigen eindeutig, dass die meisten sexuellen Straftaten von Österreichern verübt werden. Auch wenn es Brandstifter wie Biedermänner gerne auszublenden versuchen: Die traurige Tatsache ist, dass ein Großteil der sexualisierten Übergriffe im näheren Bekannten- und Familienkreis passiert – und dort ist es egal, ob die Opfer Burka, Kopftuch, Minirock oder Jeans tragen. Viele dieser sexuellen Übergriffe, beispielsweise Vergewaltigung und geschlechtliche Nötigung in der Ehe, waren übrigens bis 1989 in Österreich nicht einmal strafbar.

Spannend sind in der Diskussion allerdings die alten Player, die wieder an Bedeutung gewinnen: die religiösen Biedermänner und Biederfrauen. Ihr Verhalten zeigt, dass Religion niemals nur Privatsache ist. Das gilt sowohl für die, die sich zu einer Konfession bekennen als auch für die, die ohne Bekenntnis sind. Die Frage ist dabei, wo die Religionsfreiheit in einer wahrhaft emanzipierten Gesellschaft endet? Immerhin geht es nicht nur darum, frei zu Religion, sondern auch frei von (!) Religion sein zu können.

Aus letzterem Grund ruht der säkulare Staat auf zwei Säulen: der Religionsfreiheit der Bürger und der religiös-weltanschaulichen Neutralität des Staates. Das Gebot der religiös-weltanschaulichen Neutralität des Staates schreibt vor, dass der Staat sich nicht mit einer bestimmten Religion oder Weltanschauung identifizieren darf. In unserem Fall hieße das klar, dass weder muslimische noch christliche Biedermänner zu bevorzugen wären. In der österreichischen Realität sieht das bekanntlich ganz anders aus.

Wie geht dieses Gebot beispielsweise mit Parteien zusammen, die sich mit dem Adjektiv »christlich-sozial« schmücken oder sich gar als Verteidiger des jüdisch-christlichen Abendlandes sehen? Eines Abendlandes übrigens, das über Epochen hinweg geradezu frauenfeindlich eingestellt war. Seit wann ist das christliche Kreuz Repräsentant allgemeiner emanzipatorischer, rechtsstaatlicher und demokratischer Inhalte, wie sie unsere Verfassung kennzeichnen, während »der« Islam als patriarchale und fortschrittsfeindliche Ideologie gebrandmarkt wird? Im feministischen Diskurs kommt die Religionskritik meist zu kurz. Nur wenige Emanzipierte der älteren Generation wie Alice Schwarzer sprachen sich nicht nur gegen Kopftuch tragende Lehrerinnen an öffentlichen Schulen aus, sondern wiesen auch zu Recht darauf hin, dass auch andere religiöse oder politisch instrumentalisierte Symbole dort fehl am Platz seien.[92] Man darf Karl Marx wörtlich nehmen, wenn er schreibt, dass »die Kritik der Religion die Voraussetzung aller Kritik« ist und daher die Voraussetzung aller Emanzipation.

Ohne der Emanzipation von der Religion
ist die Emanzipation der Gesellschaft nicht zu haben.

Es ist also nicht verwunderlich, dass gerade der angeblich so emanzipierte linke Mainstream in einem Dilemma steckt, dessen Prämissen er mit den rechten Brandstiftern teilt: Sie vertreten eine Ideologie, die zwischen »dem Islam« und einzelnen Individuen keinen

Unterschied macht – und denen folglich die Inschutznahme einer Glaubenslehre »antirassistisch« erscheint.[93] Mit diesem Dogma wird emanzipatorische Religionskritik unmöglich. Plötzlich gibt es eine muslimische, christliche und säkulare Emanzipation, die unabhängig voneinander funktionieren und deren Tolerierung – mithilfe der Rassismus- oder Paternalismuskeule – bedingungslos eingefordert werden.»Das Problem mit besonderen Gesetzen für besondere ethnische oder religiöse Gruppen liegt darin, dass sich nicht alle Menschen als Mitglied einer besonderen ethnischen/ religiösen Gemeinschaft verstehen. Neben Menschen, die einer bestimmten Gruppe zugehören, muss es also auch ›universelle‹ Individuen geben, die allein zum staatlichen Gesetz gehören.«[94]

Aus diesem Grund müssen Gesetze unabhängig von der »partikularen sozialen Position« sein, in der sich Menschen exemplarisch als Frauen, Männer, Muslime, Christen, Atheisten oder Ähnliches verorten. Gerade Gebote und Verbote, die von Religionen vermittelt werden, müssten genau auf ihren emanzipatorischen Wert geprüft werden. Denn politische Demokratisierung kann nur dann erfolgreich verlaufen, wenn auch in den privaten Beziehungen eine Emanzipierung in Gang kommt. Wenn Toleranz auf politische Maßnahmen, unwissenschaftliche Bedingungen und religiöse Verhaltensweisen ausgedehnt wird, die Chancen, ein Dasein ohne Furcht und Geschlechterapartheid herbeizuführen, behindern oder zerstören, gefährdet sie nicht nur sich selbst, sondern auch die wenigen emanzipatorischen Freiheiten, die sich Frauen und Männer bislang erkämpft haben.

DER BEFREITE

MANN

"

Es ist Aufgabe des Menschen, dem Reich der Freiheit inmitten der gegebenen Welt zum Durchbruch zu verhelfen. Damit dieser höchste Sieg errungen werden kann, ist es unter anderem notwendig, daß Männer und Frauen über ihre natürlichen Unterschiede hinaus unmißverständlich ihre Brüderlichkeit behaupten.

SIMONE DE BEAUVOIR,
Das andere Geschlecht

HERR BIEDERMANN MEINT:

EINE *wirkliche Frau muss nicht immer um jeden Preis ihren Willen durchsetzen.*

IN *fünfzig Jahren gibt's bei uns nur noch Türken, weil unsere Frauen keine Kinder mehr kriegen wollen.*

ICH *bin ja emanzipiert. Als meine Frau krank war, habe ich bei meinem Sohn sogar die Windeln gewechselt!*

DIE AUTORIN und Ärztin Esther Vilar hielt in ihrer zum Klassiker avancierten Streitschrift »Der dressierte Mann« schon 1971 fest, dass die meisten Frauen, die sich für »emanzipiert« hielten, genauso dumm wie die anderen seien, aber nicht für dumm gehalten werden wollten. »Von Hausfrauen spricht sie [Anm.: die »emanzipierte«

Frau] nur auf die abfälligste Art. Sie glaubt, allein, daß sie eine Arbeit ausführt, die auch eines Mannes nicht unwürdig wäre, mache sie intelligent.« Dabei verwechselten laut Vilar gerade die scheinbar Emanzipiertesten Ursache und Wirkung:»Die Männer arbeiten ja nicht, weil sie intelligent sind, sondern weil sie müssen.«[95] Auch wenn viele ihrer Vorwürfe gegenüber Frauen überschießen, trifft Esther Vilar mit dieser Einschätzung einen wunden Punkt der bisherigen Emanzipationsbewegungen. Diese stellte im Wesentlichen immer nur die Emanzipation der Frauen in den Fokus, ohne zu berücksichtigen, dass nicht nur die Freiheit der Frauen durch die (ihrer) Männer, sondern auch die der Männer durch (ihre) Frauen begrenzt wird. Ein Versäumnis, das bis heute negative Konsequenzen hat.

DIE FREIHEIT DER FRAUEN – EIN HISTORISCHER RÜCKBLICK

Doch wagen wir einen kurzen Blick in die Vergangenheit, bevor wir voreilige Schlüsse ziehen. In der neueren westlichen Geschichte gab es mehrere Phänomene, die man als Emanzipationsbewegungen bezeichnen könnte. Ein erster Vorläufer lässt sich im 12./13. Jahrhundert festmachen und ist in Fachkreisen als Beginenbewegung bekannt. Als Beginen wurden die weiblichen Angehörigen einer christlichen Gemeinschaft genannt, die ehelos und religiös, aber außerhalb eines Klosters ohne Ordensgelübde lebten. Ihre anfangs erfolgreiche Emanzipationsbestrebung fand innerhalb des kirchlichen Rahmens statt und stellte diesen sowie die patriarchale Autorität nicht infrage. Letztlich scheiterte dieses Sozialexperiment am katholischen Papsttum.

Die nächste Emanzipationsbewegung fällt mit der Französischen Revolution von 1789 zusammen. Die von den Revolutionären verabschiedete »Erklärung der Menschen- und Bürgerrechte« galt nur für Männer, wurde aber schnell von Frauenrechtlerinnen wie Olympe de Gouges oder Philosophen wie Charles de Montesquieu für beide Geschlechter eingefordert. So verlangte de Gouges zu der Menschenrechts- auch eine Frauenrechtserklärung (*Déclaration des Droits de la Femme*), was ihr zum Verhängnis wurde. Ihre Forderung, männliche Privilegien abzuschaffen und Frauen Männern gleichzustellen, endete mit ihrer Enthauptung.

In Deutschland begann eine Frauenbewegung im weitesten Sinn erst gegen Ende des 19. Jahrhunderts. Dabei gab es zwei sehr unterschiedliche Strömungen. Die radikale Richtung propagierte eine Gleichheit der Geschlechter, sie forderte gleiche politische Rechte und berufliche Chancen. Der moderatere Flügel betonte weiterhin die Unterschiedlichkeit der Geschlechter. Die Mutterschaft wurde als höchste Erfüllung der Weiblichkeit gepriesen und die Liebe der Mutter zum Kind zur wichtigsten Beziehung erklärt. Die Forderungen beschränkten sich auf entsprechende Bildungsmöglichkeiten: Spezielle »Mädchenschulen« sollten die Kinder zu »Fraulichkeit« erziehen und Haushaltsfachschulen dienten anschließend als Vorbereitung für den »Beruf« der Mutter und Hausfrau. Die Forderung nach dem Wahlrecht auch für Frauen war in Deutschland eng mit der Arbeiterbewegung verknüpft, während sie im englischsprachigen Raum eher die Sache bürgerlicher Frauenrechtlerinnen war, der sogenannten Suffragetten.

Was wir heutzutage als »die Frauenbewegung« bezeichnen, begann Mitte der 1940er-Jahre in Frankreich. Durch gut vernetzte internationale Playerinnen wie die US-Autorin Betty Friedan und im Gefolge der 68er-Bewegung fand das Thema schließlich Eingang in die Massenmedien aller westlichen Länder. Dank Erfindungen wie der Pille und der Waschmaschine in den 1960er-Jahren erlangten Frauen nicht nur die Kontrolle über ihre Fruchtbarkeit, sondern auch mehr freie Zeit. Sie konnten plötzlich wählen, nur noch jene Kinderanzahl zu bekommen, für die sie verantwortungsvoll sorgen konnten. Damit blieb ihnen die Option, eine Karriere zu verfolgen, die ihnen finanzielle Unabhängigkeit von ihren Ehemännern ermöglichte.

Diese wirtschaftliche Unabhängigkeit machte es möglich, neben der traditionellen Rollenverteilung von Mann und Frau auch das Patriarchat insgesamt massiv infrage zu stellen. Fraglich ist, ob die Frauenbewegung der 1960er- und 1970er-Jahre ohne diese technologischen und medizinischen Meilensteine erfolgreich gewesen wäre, geschweige denn die Gleichstellung der Frau und ihre Rolle als Mutter je zum Politikum und zu einem Forschungsgegenstand eines »wissenschaftlichen Feminismus« geworden wäre.

Ob durch die #MeToo-Bewegung eine neue »postmoderne« Frauenbewegung ausgelöst wurde, ist weiterhin fraglich. Zu stark scheint der Fokus auf der sexuellen Ebene zu liegen, während die traditionelle Rollenverteilung im Gegensatz zur Bewegung der 1960er-Jahre kaum hinterfragt wird. Der Mann steht in der Debatte im Zentrum der (sexuellen) Geschlechterverhältnisse, die Frau nimmt (freiwillig) die passive Rolle ein. Nicht gerade das, was die früheren Frauenrechtlerinnen »emanzipiert« genannt hätten.

Dabei lässt sich durchaus an wissenschaftlichen Kriterien festmachen, ob Emanzipation geglückt ist. Zum Beispiel an der Fähigkeit, gesellschaftliche Funktionen und Positionen definieren, gestalten und auch verändern zu können. Dass die Frauen in den letzten Jahrzehnten in manchen gesellschaftlichen Bereichen das eine oder andere »männliche« Feld erobert haben, lässt sich nicht bestreiten. Trotzdem bleiben gerade die sozialen und schlechtbeziehungsweise unbezahlten Fürsorgefunktionen hartnäckig in Frauenhand. Auch bei den nächsten zwei Fähigkeiten, nämlich soziale Beziehungen aufzubauen, sie zu pflegen und aus dem souveränen Kontakt mit sozialen Partnern Profit ziehen sowie eine eigenständige, individuelle Lebensperspektive entwickeln zu können, hätten die meisten Frauen einiges nachzuholen. Frauen, die in und von einem religiös-patriarchalen Umfeld leben, sind hier gegenüber ihren Geschlechtsgenossinnen in liberalen und säkularen Gesellschaften deutlich im Nachteil. Eine eigenständige Lebensperspektive und unbefangene zwischenmenschliche Beziehungen lassen sich unter den Rahmenbedingungen und Geboten in einem sehr religiösen Umfeld kaum verwirklichen. Ebenso hindern konservative Rollen und religiöse Dogmen diese Frauen daran, unbefangen am kulturellen Leben einer Gemeinschaft teilzunehmen und dieses mitzugestalten, um ihre Bedürfnisse befriedigen und damit ihre eigene Existenz sichern zu können.

Emanzipation erfüllt sich durch das bewusste Wahrnehmen und Gestalten von Freiheitsrechten.

Insofern ist der Gedanke einer islamischen, katholischen und auch »schwarzen« Frauenemanzipation unter patriarchalen Prämissen nicht mehr als ein Widerspruch in sich. Echte Emanzipation sieht anders aus – und sie kann nur eine kollektive sein, eine, die alle Frauen betrifft. Freilich hat die moderne Frauenbewegung vielen Frauen (und auch Männern) Räume zur Entfaltung geöffnet, die ihnen vorher verschlossen waren, aber noch fehlt der Emanzipation jenes neue Ethos, durch das sie wirkmächtig wird. Dass Emanzipation – im wortwörtlichen Sinne – noch nicht geglückt ist, konstatiert auch Svenja Flaßpöhler, wenn sie in ihrem Buch »Die potente Frau« unmissverständlich von den Frauen fordert, »... sich aus der selbst verschuldeten Unmündigkeit zu befreien und die ihnen durch jahrhundertelangen Emanzipationskampf bereitgestellte Möglichkeit zu einer selbstbestimmten Existenz willentlich zu ergreifen oder dies zumindest ernsthaft zu versuchen.«[96]

EMANZIPATION JENSEITS VON #METOO

Statt darüber zu streiten, wer eine »echte« Feministin ist und wer nicht oder ob die österreichischen und deutschen Männer emanzipiert genug sind, sollten wir uns lieber fragen, wie wir zusammenleben wollen, was für uns Freiheit, Gerechtigkeit, Gleichberechtigung bedeutet. Wir können Geschlechterverhältnisse ändern, aber nur, indem wir anfangen, sie in unserem eigenen Umfeld radikal zu hinterfragen. Die Welt, wie wir sie wahrnehmen, ist nämlich nicht nur unsere eigene Konstruktion, sondern auch eine Tatsache. Eine, die wir vielleicht nicht geschaffen haben, die wir aber auch, so trivial es klingt, durch unser eigenes Verhalten verändern können. Damit sollen Politik, Wissenschaft und auch die Philosophie nicht ihrer Verantwortung enthoben werden, wieder ernsthaft darüber diskutieren zu müssen, wie denn ein gerechtes, gutes Leben für alle aussehen könnte. In diesem Sinne wäre es an der Zeit, dass vor allem Frauen wieder große Forderungen stellen. Dass sie nicht vor den Unannehmlichkeiten zurückweichen, sondern radikale Konsequenzen ziehen, die vielen Biedermännern und Biederfrauen nicht gefallen werden. Um es mit Simone de Beauvoir zu sagen:

»Frauen, die nichts fordern, werden beim Wort genommen.«

Insofern reflektieren die Wahlerfolge der Biedermänner den emanzipatorischen Backlash der Gesellschaft. Wie weit die Machtpotenziale der Frauen reichen, »ist gesellschaftlich bestimmt: In den kleinen Gemeinschaften des täglichen Lebens werden sie durch Moralität begrenzt, außerhalb vorzüglich durch die Machtpotentiale der anderen. ... An der Basis jedoch spiegeln sie das reale Machtpotential der Gesellschaft wider.«[97]
　　Indem die politisch verantwortlichen Biedermänner unermüdlich darauf verweisen, wie viel Frauen schon bekommen

hätten und wie viel sich schon für sie in den letzten Jahrzehnten verbessert hätte, fordern sie von ihnen nun, »selbstbewusst und stark zu sein, indem sie nichts fordern«. Die Absicht dieser Direktive ist klar: jene Frauen ruhig zu halten, die bisher am wenigsten von den emanzipatorischen Entwicklungen profitiert haben. An diesen Frauen zeigt sich, dass Emanzipation nur dann gelingen kann, wenn die Schwächsten zuerst und am stärksten davon profitieren. Das Paradox des gegenwärtigen Zeitalters ist also, dass es gewisse Frauen und Minderheiten so gut haben wie nie zuvor, während sozial benachteiligte Frauen vor enormen Herausforderungen stehen. Während die Türen für Biederfrauen geöffnet sind, um die Berufe des Rechts und der Medizin zu ergreifen und sogar bei einer Präsidentschaftswahl anzutreten, erzählt das Leben in den unteren Rängen der Gesellschaft eine andere Geschichte: die vom Scheitern der Emanzipation an sich.

Dafür, dass Frauen aus privilegierten sozialen Schichten Fortschritte in Richtung Gleichstellung machen, Frauenquoten nutzen und wirtschaftlich unabhängig leben können, bezahlen die anderen einen hohen Preis.

Tatsache ist, dass man individuelle Erfahrungen von Anerkennung nicht außerhalb eines sozialen Kontexts machen kann. Das gilt für die österreichische Arbeiterin aus Wien-Simmering genauso wie die Hausfrau mit türkischem Migrationshintergrund aus Wien-Rudolfsheim-Fünfhaus. Wer seine Rechte gegenüber anderen nicht geltend machen kann, also zu wenig Macht besitzt, bleibt von den anderen abhängig. Der deutsche Soziologe Günter Dux führt in seinem Buch »Die Spur der Macht im Verhältnis der Geschlechter« ein schönes Beispiel aus dem Mittelalter an: Wenn Frauen sich in mittelalterlicher Zeit nicht vor Gericht vertreten konnten, dann deshalb, weil »das Gericht nur Rechtsweisungen aussprach, die Vollstreckung aber Sache der Partei blieb, mithin eines Machtpotentials bedurfte, über das nur der Mann verfügte.«[98]

Diese Verteilung der Macht ist allerdings nicht naturgegeben, sondern hat sich im Laufe der Geschichte entwickelt. Es hätte auch anders kommen können. Fakt ist, dass sich »jede Form von Macht nur durch eine Gegenmacht derer konterkarieren läßt, die sich ihr ausgesetzt sehen, so läßt sich auch die Gleichberechtigung der Frau einzig durch die Organisation ihrer Gegenmacht erreichen«.[99] Wenn momentan wieder konservative Kräfte eine reelle Chance haben, die hart erkämpften Errungenschaften der letzten Frauenbewegungen rückgängig zu machen, dann deshalb, weil sie die klassischen Geschlechtscharaktere zu privilegieren versuchen. Sie definieren als legal oder illegal, sozial akzeptabel oder tabuisiert, natürlich oder unnatürlich, was ihrem Machterhalt nützt. Insofern ist eine Gesellschaft immer ein Abbild derjenigen Interessen und Machtpotenziale, die sich in der Gesellschaft durchsetzen konnten.

Seit Simone de Beauvoir darauf hingewiesen hat, dass die »Frau« ein Produkt der Zivilisation und ihrer Wertigkeiten ist, wissen wir, dass der Streit zwischen den Geschlechtern andauern wird, so lange sie sich nicht als Gleiche anerkennen, das heißt, »so lange die Weiblichkeit als so lche besteht«.[100] Auch die Soziologie schließt aus, dass ein Antagonismus zwischen den Geschlechtern nicht aus dem Umstand hergeleitet werden kann, dass sich diese fremd wären. So »andersartig« wie die patriarchale Literatur sie sehen will, sind sie gar nicht. »Für die meisten Menschen ist die erste und wichtigste andere im Leben die Mutter; und das Verhältnis zu ihr wird im andern des anderen Geschlechts reorganisiert. Woher sollte es rühren, wenn Männer und Frauen sich als schlechterdings Fremde betrachteten und sich auch so behandelten?«[101]

Läge es also in der Verantwortung der heutigen Mütter, den Kampf fortzuführen? Wenn es nach der von der FPÖ nominierten Außenministerin Karin Kneissl geht, ist jede Frau, egal ob österreichische Arbeiterin oder muslimische Hausfrau, dafür verantwortlich, wie sich »die kleinen Paschas und Machos aus welchem Kulturkreis auch immer« entwickeln. Und Letztere, davon ist Kneissl

überzeugt, brauchten den »Zwang zur Teilnahme an Integrations-
maßnahmen«, um sie mit Themen wie »Frauengesundheit oder
ihrer eigenen Rolle in der Familie«[102] konfrontieren zu können. Ziel
dieser Maßnahmen sei es, die »Frauen mit Migrationshintergrund«
aus der Isolation zu holen und unabhängiger zu machen. Die Frau-
en müssen laut den Biederfrauen also selbst dafür sorgen, dass sie
nicht unter der Männerdominanz in ihren Familien leiden, auf die
sie (finanziell) angewiesen sind. Wie das genau funktionieren soll, bleibt unklar. Vor allem hat
es wenig Sinn, über die wirtschaftliche Unabhängigkeit der »Musli-
minnen« zu diskutieren, wenn es für sie kaum Chancen auf Arbeitsplätze gibt. Sei es, weil sie ein Algorithmus vorher aussortiert oder
es ihr das männliche Familienoberhaupt vorgibt. Dass viele dieser
Frauen im Alter alleine nicht überlebensfähig sind und daher oft
aus wirtschaftlichen Gründen beim Partner bleiben müssen, wird
von den meisten verdrängt. Wenn Karl Marx mit einem recht hatte, dann damit, dass man die Ökonomie nie vernachlässigen sollte,
wenn man soziale Beziehungen umgestalten möchte. Es hat keinen
Sinn, das Ende der globalen Emanzipation auszurufen, so lange es
keine gleiche Bezahlung, Aufstiegschancen, genug Kinderbetreu-
ungs- und Arbeitsplätze für die große Mehrheit der Frauen gibt.
Nur Frauen, die wirtschaftlich unabhängig sind, trauen sich, Forderungen an ihren Partner zu stellen.

Je abhängiger die Frauen sind, desto weniger werden sie
ihre Situation ändern, denn das würde bedeuten, alles infrage zu
stellen. Man müsste die Biederfrauen und ganz besonders die vor-
geblich »feministischen« von ihnen an ihren Taten messen. Man
dürfte sie nicht mehr nur nach ihrem Image und Hashtags beurteilen, sondern nach ihren Abhängigkeiten. »Nur wenn die Frauen
den alten, männlichen Feminismus zu den Akten legen und einen
neuen, weiblichen Feminismus formulieren, können sie, wenn sie
es überhaupt wollen, ihre Situation verändern.«[103] So lange wir Biederfrauen auf »ihre Weise« emanzipiert nennen und unhinterfragt

lassen, warum sie für ihr Wertesystem, aber gegen ihre (wirtschaftlichen oder sozialen) Interessen konservativ wählen, sind wir weit davon entfernt, Abhängigkeiten zwischen den Geschlechtern zu durchbrechen. Die jetzige restriktive Politik schwindelt sich durch, indem sie behauptet, es gäbe diese »fairen Partnerschaften« schon, die »Grundlage und Voraussetzung unseres gesellschaftlichen Systems«[104] sind.

Sich mit der Erklärung zufriedenzugeben, dass »diese unemanzipierten Frauen« vielleicht einfach glücklich in ihrer Situation sind, hieße nicht nur, Emanzipation fälschlicherweise als Ziel Einzelner zu begreifen, es hieße auch, die bereitwillig emanzipierten Männer in der Abhängigkeit dieser geschlechterungerechten Frauen zu belassen. Denn die Unfreiheit der Frauen bedeutet nicht etwa, dass die Männer frei wären. Mit der Konstruktion von homogenen Männerwelten und Frauenwelten entgeht auch dem Mann eine Chance der Selbstverwirklichung jenseits von patriarchalen Rollenklischees.

Die hehre Idee, die Marginalisierung der »Musliminnen« zu überwinden und ihre Minderheitenposition identitätspolitisch statt sozialpolitisch und emanzipatorisch zu behandeln, hat zu einer Spaltung geführt: hier die vermeintlich emanzipierte Österreicherin, dort die vermeintlich rückständige, finanziell abhängige muslimische Ausländerin. Daran ändern auch politisch korrekte Sprachregelungen nichts. Der Philosoph Robert Pfaller trifft den Kern des Problems, wenn er schreibt, dass »die sprachreformerischen Bemühungen um korrekte Bezeichnung bisher vernachlässigter Gruppen auch erhebliche Probleme erzeugen« werden. Alle emanzipatorischen Bewegungen scheinen heute an ihren hypersensiblen, sprachlichen Auswüchsen zu kranken, die – anstatt sie für die »gemeinsame« Sache kämpfen lassen – trennen und schwächen.

So kann eine nicht muslimische Frau zu einer Muslima nicht mehr einfach sagen: »Wir sind doch beide Frauen«, ohne dafür gerügt zu werden, dass sie ja gar nichts über die Diskriminierungserfahrung der »muslimischen« Frau sagen kann. Deren Diskriminierung verstehen zu wollen, beweise nur ihre Ignoranz. Emanzipation und Feminismus reichten nicht, um ihrer spezifischen Ungerechtigkeitserfahrung gerecht zu werden. Es brauche stattdessen einen separat laufenden »muslimischen«, »schwarzen« Feminismus, der das Projekt einer »westlichen unter paternalistischem Tatbestand stehenden« Frauenemanzipation zu einer Variante von vielen entwertet. Wie kann man sich also in dieser korrekten Sprachwelt noch solidarisieren, wenn wir keine Worte mehr haben, um Gemeinsames und Allgemeines anzusprechen?

Die Unterschiede in Lebensstil und Kultur scheinen heute geradezu unüberwindlich geworden zu sein.

Anstatt sich mit anderen Frauen zu solidarisieren, sprechen viele lieber von einem »christlichen«, »muslimischen« und sogar »rechten« Feminismus. Und das mit gutem Grund: In einem konservativen patriarchalen System lässt sich aus der Solidarität mit allen anderen Frauen nicht viel gewinnen. Die Arbeitswelt, Wirtschaft und Gesellschaftspolitik dominieren Männer, um deren Anerkennung Frauen konkurrieren müssen. Tatsächlich wird die emanzipierte Frau in den Augen der Biedermänner nicht dafür anerkannt, dass sie ihren menschlichen Wert erhöht und ihre »weiblichen Reize« hintanstellt: Gewinnen wird sie nur, indem sie sich den Träumen und dem jeweiligen ideologischen System der Biedermänner anpasst. Die Brandstifter lauern also auch in den eigenen Reihen. Gut für die konservative Offensive der Biedermänner! Denn so lange sich Frauen untereinander um die wenigen ihnen zugedachten Brösel streiten, können sie weder dem System noch den Brandstiftern gefährlich werden. Wie weit wir in Österreich schon von der Bereitschaft, die Frauen den Männern gleichzustellen, entfernt sind, zeigte der Zulauf zum überparteilichen Frauenvolksbegehren 2018.

DAS FRAUEN-VOLKSBEGEHREN 2018

Von Frauen rund um das Frauennetzwerk *Sorority* initiiert, war einer der Hauptgründe für seine Durchführung das zwanzigjährige Jubiläum des ersten Frauenvolksbegehrens [»Alles was Recht ist!«]. Die offizielle Ansage lautete: »Eine breite Bewegung tritt an, um echte soziale und ökonomische Gleichstellung der Geschlechter mit verfassungsgesetzlichen Regelungen einzufordern. Die Verbesserung der Lebensrealitäten von Frauen muss auf der politischen Tagesordnung ganz oben stehen. Ob Gewaltschutz, sexuelle Selbstbestimmung, soziale Sicherheit, Kinderbetreuung, wirtschaftliche und politische Teilhabe: Der Stillstand der letzten Jahre muss beendet werden. Wir fordern Wahlfreiheit und Chancengleichheit für Frauen und Männer.«[105]

Mit 481.906 Stimmen blieb es nicht nur unter den Erwartungen, sondern auch hinter dem letzten Frauenvolksbegehren von 1997 zurück. Es zeigte, dass es weder diese »breite Bewegung« noch eine »breite« Forderung nach völliger Gleichstellung gibt. Vielen gingen die Anliegen zu weit, als zu »unrealistisch« bezeichneten viele die Vision einer geschlechtergerechten Gesellschaft.

UND WAS JETZT?

Unsere Gesellschaft hat es bis jetzt verabsäumt, die Männer zu stärken, die bereits Fairness und Geschlechtergerechtigkeit leben und sich in traditionell weibliche Domänen vorwagen. Auch sie stehen in der aktuellen konservativen Offensive unter Beschuss. Auch von der Solidarität dieser Männer wird es abhängen, ob die gegenwärtige Offensive Erfolg hat oder scheitert. Es wird nämlich darauf ankommen, ob die Männer erkennen, dass die Emanzipation der Frauen auch ihre Befreiung bedeutet. Ansonsten spielen wir dem männlichen Ressentiment in die Hände, das durch die konservative Politik befeuert wird. Die Biedermänner haben längst erkannt, was sie zu verlieren haben, wenn die Emanzipation wirklich umgesetzt wird, und sie sehen nicht, was sie dabei gewinnen könnten. Denn auch Männern werden Entfaltungsmöglichkeiten vorenthalten. Während Frauen in ihrer Funktion als Mutter als wesentliche Person für den Nachwuchs definiert wurden, fristeten die Väter daneben ein trostloses Dasein. Sie wurden einfach übersehen. Die Grundüberlegung dabei war, dass man Mutter wird und bleibt, während Vaterschaft immer einen willentlichen Charakter behält. Wenn die aktive Vaterschaft nicht zustande kommt, wird das Kind trotzdem geboren und ohne Vater groß.

Die Rolle des Mannes bestand lange Zeit darin, das Geld heimzubringen und die Familie nach außen zu vertreten. Als Oberhaupt der Familie musste der Ehemann um Erlaubnis gefragt werden, ob seine Frau arbeiten darf. Erst seit den Reformen in der Familien- und Ehegesetzgebung ab Anfang der 1970er-Jahre ist es in Österreich verheirateten Frauen erlaubt, ihren Wohnort selbst zu bestimmen und Verträge ohne Zustimmung des Ehemannes abzuschließen. Was ein Mann als Vater fühlt, war lange Zeit völlig uninteressant. Erst mit der Emanzipation der Frauen begann ein Wandel und die Zahl der Väter zu wachsen, die sich nicht nur als

Spielgefährte ihrer Kinder sahen, sondern als gleichberechtigter Elternteil.[106]

Elisabeth Badinter analysiert diese Entwicklung folgendermaßen: »Diese neue Vaterschaftserfahrung ist wahrscheinlich zum großen Teil dem Einfluss der Frauen zuzuschreiben, die fordern, dass alle Aufgaben geteilt werden, auch die, dem Kind Liebe zu geben. ... Von nun an werden die Frauen die Männer dazu ›zwingen‹, gute Väter zu sein und die Freuden, aber auch die Mühen, Ängste und Opfer der Kinderaufzucht gerecht mit ihnen zu teilen.«[107] Ob das allen Männern gefällt, kann man nicht wissen. Es könnte auch dazu führen, so Badinter, dass die Geburtenzahl in »überentwickelten Ländern« noch weiter sinken wird. Früher reichten die reine Willensbekundung und Bereitschaft zur Vaterschaft aus, um die Elternrolle auszufüllen. Bis heute nimmt man an der Haltung der Männer nicht so leicht Anstoß, weil die Vaterliebe bis heute noch nicht »zu einem allgemeinen Naturgesetz erhoben«[108] wurde.

Was von der Mutter selbstverständlich erwartet wird, wird dem Vater als bewunderungswürdige Leistung anerkannt.

In diesem Punkt erweisen sich die »Linken« als genauso wenig emanzipiert wie die konservativen Biedermänner. Als Beispiel dient ein »Aufreger« aus dem Jahr 2016: Der damalige SPD-Chef, deutsche Vizekanzler und Bundeswirtschaftsminister Sigmar Gabriel nahm sich frei, um sich um seine Tochter zu kümmern, die an Scharlach erkrankt war. Ein mediales Großereignis! Ein prominenter Vater nimmt sich frei, um sich um sein krankes Kind zu kümmern. Er tut also lediglich das, was viele Mütter täglich tun müssen und wofür sie mithilfe des AMS-Algorithmus offen diskriminiert werden. In Österreich und Deutschland gestaltet sich die Sache ähnlich. In beiden Ländern werden Väter für die Selbstverständlichkeit heroisiert, sich um ihre Kinder zu kümmern, denn laut des gesellschaftlichen und medialen Sittenbilds müssten sie das nicht.

Die folgende Anekdote zeigt exemplarisch, dass es mit der Emanzipation nicht weit her ist. Eine mehrfache Mutter erzählt dabei von ihren Beobachtungen im Alltag:»Wenn mein Mann die ganz normalen Aufgaben des Elternseins übernahm wie tragen, füttern, wickeln, etc., dann bekam er dafür Anerkennung, ja sogar Lob. Er wurde dafür gelobt, dass er seinen Vaterpflichten nachkam. Ich hingegen? Ich habe von Lob und Anerkennung wenig gespürt. Schließlich ist es ja mein Job als Mutter, es ist eine Selbstverständlichkeit und es wird einfach angenommen, dass ich diese Aufgaben auch erfülle. Wickeln ist nicht nur Aufgabe der Mutter. Für die gleiche Leistung in der Kindererziehung wurde mein Mann deutlich mehr gelobt.«[109] Dass die modernen Väter so große Aufmerksamkeit bekommen, egal ob von anderen Frauen auf dem Spielplatz oder in den Medien, unterstreicht die ungleiche Wahrnehmung von Elternpflichten zwischen den Geschlechtern. Niemand bezweifelt, dass es bescheidene Fortschritte in der Emanzipation der Väter von den Müttern gibt. Leider zeigen diese Beispiele aber auch, dass wir den Wert der Vater-Kind-Beziehung noch immer hinter dem der Mutter-Kind-Beziehung zurückstellen.

Wenn wir echte Gleichberechtigung wollen, hieße es auch, dass wir die Bereitschaft aufbringen müssten, unpopuläre Themen anzusprechen. Da wäre beispielsweise die Verpflichtung der Männer zu Bundesheer und Zivildienst. Die österreichische Rechtsphilosophin Elisabeth Holzleithner weist darauf hin, dass es ebenso geschlechterdiskriminierend ist, nur Männer zu verpflichten. »Entweder, man macht es komplett freiwillig – wenn es aber eine Verpflichtung gibt, dann sollten auch junge Frauen davon erfasst sein.«[110] Emanzipation kann, soll sie funktionieren, keine Einbahnstraße sein. Sie ist kein Programm, sondern vielmehr ein Ethos, eine verbindliche moralische Haltung, die Männer und Frauen einander gegenüber leben müssten. Wobei dieser Ethos auf Dauer eben nicht nur für das Verhalten einzelner Frauen und

Männer stehen kann, sondern auch objektiv als Sitte in sozialen Organisationen und Institutionen eingefordert werden müsste.

Wer heute ernsthaft Visionen eines besseren Zusammenlebens diskutieren will, muss damit beginnen, den Biedermännern heftig zu widersprechen, deren visionäre Schwäche darin besteht, dass sie sich nur auf wirtschaftspolitische Vorstellungen und Maßnahmen beschränkt. Um dem aktuellen Backlash etwas entgegenzusetzen, braucht es eine radikalere Vision von Emanzipation, für die es sich zu kämpfen lohnt. Wir könnten damit beginnen, Antworten auf folgende Fragen einzufordern:

- In welcher Gesellschaft wollen wir leben?
- Wie viel Vermögensungleichheit können und wollen wir uns leisten?
- Wie viel Geschlechterungerechtigkeit vertragen die Beziehungen von Mann und Frau, bis sie ins Destruktive umschlagen?
- Wie wäre es, in einer Gesellschaft zu leben, in der Männer und Frauen *wirklich*, nicht nur formal, gleichgestellt sind?
- Was ließe sich mit dem Zuwachs an emanzipatorischer Freiheit für Frauen und für Männer erreichen?

Ein neuer Geschlechterethos sollte die Versprechungen der Frauenbewegungen endlich einlösen und eine Gesellschaft anmahnen, in der nicht länger das Geschlecht bestimmt, wie viele Rechte, Teilhabemöglichkeiten und Freiheiten eine Person hat. Im Moment steht das Konzept »Emanzipation« selbst unter schwerem Beschuss. Die einen kritisieren an den Emanzipationsbestrebungen, dass sie nicht nur Geschlechterhierarchien, sondern alle Grenzlinien aufgelöst hätten, die anderen sehen sie verkürzt ausschließlich für Frauenanliegen eintretend, obwohl es genug Männer gibt, die auch in prekären oder ausbeuterischen Verhältnissen leben müssen. Die Kritiker verfehlen ihr Ziel, wenn sie glauben, die Interessen gegeneinander ausspielen zu müssen. Im Gegenteil, sie bedingen einander!

Das wahre emanzipatorische Bekenntnis wäre, dass wir die Freiheit um der Freiheit willen wollen und entdecken, dass sie ganz und gar von der Freiheit der anderen abhängt. »Gewiß hängt die Freiheit als Definition des Menschen nicht vom andern ab, aber sobald ein Sichbinden vorhanden ist, bin ich verpflichtet, gleichzeitig mit meiner Freiheit die der anderen zu wollen, und ich kann meine Freiheit nicht zum Ziel nehmen, wenn ich nicht zugleich die der andern zum Ziel nehme.«[111] Dieser Logik von Jean-Paul Sartre folgend, kann Emanzipation also nie nur das Ziel des Einzelnen sein, sondern des gesamten Kollektivs. Verbunden mit der Einsicht, dass wir alle nicht schon frei sind, sondern es erst werden müssen.

SIND SIE EIN

BIEDERMANN? ♂

STECKEN SIE

IN DER RETRO-

FALLE? ♀

SIND SIE EIN **BIEDERMANN?**

1. LIEBESTECHNISCH BIN ICH ...

glücklich verheirateter Familienvorstand	**10**
(young), free and single	**0**
in einer Beziehung, aber wenn sich was Besseres auftut ...	**5**
mir bewusst, dass eine Partnerschaft auch Opfer verlangt	**-5**

2. MEINE LIEBLINGSFARBEN SIND ...

Schwarz und Rot, aber nur in dieser Kombination	**5**
transparent und schillernd	**-5**
die Farben des Mittelmeeres: Türkis und Blau	**10**
freundlich und divers: Grün und Pink	**0**

3. DAS ANDERE GESCHLECHT ...

ist schön anzusehen, aber ein Mysterium	**5**
ist mein literarischer Lebensbegleiter	**0**
ist unerreichbar – in jeder Beziehung	**-5**
das sind die Frauen, oder?	**10**

4. KINDERLOSE FRAUEN ...

sind karrierefixierte Emanzen, die ich meide	**10**
sind je nach Alter und eigenem Kinderwunsch super oder gefährlich	**5**
verfolgen ein ebenfalls legitimes Lebensmodell	**-5**
wissen es im Gegensatz zu manchen Männern wenigstens	**0**

5. DAS FRAUENVOLKSBEGEHREN ...

hat mir wieder bewusst gemacht, wie viel Arbeit noch vor uns liegt	**-5**
habe ich selbstverständlich unterzeichnet	**0**
war lächerlich. Begehrenswerte Frauen begehren nicht auf	**10**
war eh o.k., aber manches war einfach überzogen	**5**

AUSWERTUNG

35 BIS 50 PUNKTE:

Sind Sie die Muse von Max Frisch?
Die Rolle des Biedermanns wurde ihnen auf den Leib geschrieben. Nützen Sie die guten Zeiten momentan, der gesellschaftliche Wind könnte sich auch wieder drehen – dann müssen Sie sich wieder mehr mit den Emanzen herumschlagen.

0 BIS 10 PUNKTE:

Gratulation oder Beileid – je nachdem. Sie sind ein voll emanzipierter Frauenversteher, der sein Leben dem Kampf für gesellschaftliche Gerechtigkeit verschrieben hat. Das Risiko: Sie könnten im derzeitigen Klima unter die Räder kommen, aber die Hoffnung stirbt zuletzt.

15 BIS 30 PUNKTE:

Sie bewegen sich zwischen den Extremen: Grundsätzlich aufgeschlossen und eigentlich kein Macho, fallen Sie aus Bequemlichkeit dennoch oft in traditionelle Rollenmuster zurück. Noch können Sie sich in jede Richtung entwickeln: Sie haben die Wahl.

-25 BIS -5 PUNKTE:

Rechnen Sie noch einmal nach, Sie Schleimer. Falls Sie sich nicht verrechnet haben, hier noch einmal der Hinweis: Dieser Test war für Männer!

TEST: STECKEN SIE IN DER **RETROFALLE?**

1. MEIN MANN/PARTNER …

ist so klug und sagt mir, wo es langgeht	10
besucht auf meine Anregung hin regelmäßig eine Männergruppe	-5
trägt den Müll nur nach endlosen Diskussionen runter	5
weiß, dass er bei logisch fundierten Diskussionen den Kürzeren zieht	0

2. MEINE FREIZEIT VERBRINGE ICH AM LIEBSTEN …

im Fitnessstudio, falls der Babysitter nicht ausfällt	5
mit dem Verwöhnen meiner Familie	10
Freizeit? Was soll ich mit diesem bürgerlichen Begriff?!	-5
im feministischen Lesekreis	0

3. ANGELA MERKEL, THERESA MAY UND HILLARY CLINTON …

sind meine Vorbilder für weibliches Durchsetzungsvermögen	0
sind sicher klug, sollten aber ihre Stylisten feuern	5
interessieren mich nicht. Politik ist etwas für Männer	10
gestalten die Welt maßgeblich politisch mit. Was sonst?	-5

4. EINE MUTTER MIT KLEINEN KINDERN …

braucht einen emanzipierten Partner	0
hat einen emanzipierten Partner, sonst hätte sie keine bekommen	-5
gehört zu diesen nach Hause, bis sie maturiert haben	10
hat es schwer, Privat- und Berufsleben zu managen	5

5. DIE FRAUENBEWEGUNG …

braucht uns mehr denn je! Auf in den Kampf!	-5
war ein historischer Wendepunkt in Sachen Freiheit	0
hat die Frauen erst in die Bredouille gebracht	10
war damals wichtig, ist heute aber eigentlich überflüssig	5

AUSWERTUNG

-25 BIS -5 PUNKTE:

Sind Sie der verlorene Zwilling von Alice Schwarzer?

Gäbe es mehr Frauen wie Sie, hätten wir kein Problem mit den Biedermännern und ihrem konservativen Schwachsinn. Frauen stellen nämlich 51 Prozent der Weltbevölkerung, das geht sich sogar auf demokratischem Wege aus. Falls nicht: Vive la Révolution!

0 BIS 10 PUNKTE:

Sie sind emanzipationstechnisch schon gut unterwegs.

Ihre Umwelt bewundert oder fürchtet Sie aufgrund Ihrer konsequenten Einstellung – je nachdem. Falls Sie trotz Frauenquote noch nicht Vorstandsvorsitzende sind: Die strukturelle Diskriminierung müssen Sie leider noch etwas aussitzen – oder auswandern.

15 BIS 30 PUNKTE:

Ihnen geht es wie vielen Frauen.

Sie wollen kein Heimchen am Herd, sondern auch erfolgreich im Beruf sein. Im Alltag scheitern Sie aber oft daran, sich durchzusetzen. Auch möchten Sie nicht als spaßbefreite Kampfemanze gelten. Die Entscheidung, ob Sie letztlich in der Retrofalle landen oder nicht, kann Ihnen niemand abnehmen. Noch stehen Ihnen alle Wege offen.

35 BIS 50 PUNKTE:

Sie verdienen das Biederfrau-Abzeichen in Gold. Sie wissen, wo Ihr Platz ist: im trauten Familienheim, hinter einem erfolgreichen Mann stehend.

Wenn Sie sich manchmal ausgelaugt und unterfordert fühlen, denken Sie daran: Wollen Sie wirklich eine dieser gestressten Alleinerzieherinnen sein, die ihren Mann vergrault haben?

DANKSAGUNG

Nikolai Friedrich, Elisabeth Wagner, Markus Mersits, Konrad Paul Liessmann, Jürgen Manemann, Anton Grabner-Haider, Ndidi Nwaneri, Christian Fiala, Sabine Eichinger, Peter Eichinger, Leni, Larissa, Matilda und zuletzt, aber allen voran Theo.

ANMERKUNGEN

1. Frisch, Biedermann und die Brandstifter, 43
2. https://www.welt.de/debatte/kommentare/plus172133774/Warum-wir-nach-den-68ern-eine-buergerlich-konservative-Wende-brauchen.html, abgerufen am 20.08.2018
3. Beauvoir, Das andere Geschlecht, 86
4. Ebd., 845
5. Ebd., 156
6. In erster Instanz wurde Sigrid Maurer schuldig gesprochen und zu einer Schadensersatzzahlung verurteilt. Sowohl Maurer als auch der Kläger haben gegen das Urteil berufen (Stand Dezember 2018).
7. Vinken, Die deutsche Mutter, 9
8. Marcuse, http://www.marcuse.org/herbert/pubs/60spubs/65reprtoleranzdt.htm, abgerufen am 07.07.2018
9. http://www.spiegel.de/karriere/island-gesetz-fuer-mehr-lohngleichheit-von-frauen-und-maennern-a-1186157.html, abgerufen am 06.12.2018
10. Badinter, Der Konflikt, 46 ff.
11. Barbara Rosenkranz, MENSCHINNEN: Gender Mainstreaming – Auf dem Weg zum geschlechtslosen Menschen. Graz, Ares Verlag 2008
12. https://www.parlament.gv.at/PAKT/VHG/XXVI/J/J_01561/fnameorig_707734.html, abgerufen am 06.12.2018
13. https://www.tt.com/ticker/14705503/kneissl-hochzeit-karas-versteht-logik-hinter-putin-einladung-nicht, abgerufen am 06.12.2018
14. Beauvoir, Das andere Geschlecht, 527
15. https://www.nytimes.com/2018/08/18/world/europe/putin-austria-wedding-foreign-minister.html, abgerufen am 16.09.2018
16. https://www.kleinezeitung.at/politik/aussenpolitik/5482940/Nur-Kompliment-nach-Tanz_KneisslKnicks-auf-Hochzeit-sorgt, abgerufen am 25.08.2018
17. Singer, Praktische Ethik, 51
18. https://www.wienerzeitung.at/_em_daten/_wzo/2017/12/16/171216_1614_regierungsprogramm.pdf, abgerufen am 05.07.2018
19. Beauvoir, Das andere Geschlecht, 898 ff.
20. Schäfer, Die Folgen sozialer Ungleichheit für die Demokratie in Westeuropa
21. https://www.profil.at/meinung/ingrid-brodnig-negativfaktor-frau-10422551, abgerufen am 07.12.2018
22. Narval, Die freundliche Revolution, 146
23. https://www.bmf.gv.at/aktuelles/familienbonus-plus-faq.html, abgerufen am 03.11.2018
24. https://wien.orf.at/news/stories/2946014/, abgerufen am 11.11.2018
25. Vgl. dazu die Dissertation von Veronika Helfert: Frauen wacht auf! Eine Frauen- und Geschlechtergeschichte von Revolution und Rätebewegung in Österreich, 1916/17–1924, Universität Wien 2018
26. Ebd.
27. Singer, Praktische Ethik, 108
28. Forst, Normativität und Macht, 174
29. Beauvoir, Das andere Geschlecht, 83
30. Singer, Praktische Ethik, 109
31. Vinken, Die deutsche Mutter, 33
32. https://www.zeit.de/2013/02/Frauenquote-Muetterquote-Foerderung, abgerufen am 28.07.2018
33. https://www.zeit.de/2013/02/Frauenquote-Muetterquote-Foerderung, abgerufen am 07.12.2018
34. https://orf.at/v2/stories/2428977/, abgerufen am 07.12.2018
35. derstandard.at/2000089641289/Das-grosse-Tabu-Maenner-im-Kindergarten, abgerufen am 21.10.2018
36. Dux, Die Spur der Macht im Verhältnis der Geschlechter, 200 ff.

37. https://diepresse.com/home/wirtschaft/ economist/5470877/Frauen-bekommen-in-Oesterreich-um-43-Prozent-weniger-Pension-als,abgerufen am 07.12.2018
38. https://www.destatis.de/DE/PresseService/Presse/Pressekonferenzen/2018/Alleinerziehende/Pressebroschuere_alleinerziehende.pdf?__blob=publicationFile, abgerufen am 03.11.2018
39. www.statistik.at, abgerufen am 03.11.2018
40. Hobbes, Leviathan, 67
41. https://diepresse.com/home/wirtschaft/ economist/5382461/Warum-verdienen-Frauen-16-Prozent-weniger-als-Maenner, abgerufen am 07.12.2018
42. https://diepresse.com/home/wirtschaft/ economist/5448075/Arbeitszeit_ HartingerKlein-verteidigt-Plaene-Kern-fordert, abgerufen am 06.11.2018
43. https://www.wienerzeitung.at/nach-richten/oesterreich/politik/1000726_ Dauerkraempfe-mit-12-Stunden-Tag. html, abgerufen am 08.11.2018
44. https://kontrast.at/schwarz-blaue-kuerzungen-in-ooe/, abgerufen am 10.09.2018
45. https://de.wikipedia.org/wiki/Sanfte_ Geburt, abgerufen am 18.11.2018
46. https://www.lalecheliga.at/ informationen-stillen/vorteile-des-stillens/vorteile-fuer-die-gesellschaft. html, abgerufen am 18.11.2018
47. Vinken, Die deutsche Mutter, 147
48. Badinter, Mutterliebe, 150
49. Badinter, Der Konflikt, 73
50. Der Mutter, die als Hauptperson in der Wohnstube agiert, kommt die Rolle zu, die Kinder zu erziehen und zu bilden. Nach Pestalozzi muss die Mutter für das liebevolle Klima sorgen, damit das Kind seine »Naturanlagen« voll entfalten kann.
51. Badinter, Mutterliebe, 187 f.
52. https://www.cambridge.org/core/ journals/cambridge-quarterly-of-healthcare-ethics/article/moral-impera-tive-for-ectogenesis/B88576CE3AF545D-F15E977212B709D5B, abgerufen am 07.12.2018
53. Beauvoir, Das andere Geschlecht, 189
54. https://derstandard.at/2000087803288/ Weniger-Maenner-in-Vaeterkarenz, abgerufen am 07.12.2018
55. Badinter, Der Konflikt, 69
56. Ebd., 68 ff.
57. http://linkswende.org/mutterkreuz-und-dienst-am-volk-die-fpoe-frauenpolitik/, abgerufen am 06.11.2018
58. https://derstandard.at/1304554159762/ FPOe-Strache-will-geburtenorientierte-Politik, abgerufen am 06.11.2018
59. Michael Howanietz: Für ein freies Öster-reich. Souveränität als Zukunftsmodell«, herausgegeben von Norbert Hofer. Frei-heitlicher Parlamentsklub, Wien 2013, 32
60. Badinter, Mutterliebe, 189 ff.
61. Singly, Fortune et infortune de la femme mariée, 222
62. http://www.taz.de/!5166706/, abgerufen am 07.12.2018
63. https://diepresse.com/home/ innenpolitik/5493493/Fassmann-will-breite-Debatte-ueber-Kopftuchverbot-in-Unterstufe, abgerufen am 16.11.2018
64. https://www.fischundfleisch. com/marcus-franz/migration-als-wiedergutmachung-16641, abgerufen am 01.11.2018
65. Badinter, Der Konflikt, 111
66. Ebd., 126
67. Vgl.: https://www.ris.bka.gv.at/ NormDokument.wxe?Abfrage=-Bundesnormen&Gesetzesnum-mer=10002296&Artikel=&Paragraf=97&-Anlage=&Uebergangsrecht=, abgerufen am 07.12.2018
68. https://derstandard.at/1252771700858/ Der-Standard-Sommergespraech-Ich-will-keine-auf-unseren-Strassen-haben, abgerufen am 07.12.2018
69. Gschwend, Mütter ohne Liebe, 24
70. https://derstandard.at/1252771700858/ Der-Standard-Sommergespraech-Ich-will-keine-auf-unseren-Strassen-haben, abgerufen am 07.12.2018

71. https://www.ots.at/presseaussendung/
OTS_20171012_OTS0052/nr-wahl-
2017-fragen-ohne-tabus-wie-stehen-
die-parteien-zu-gratis-verhuetung-und-
schwangerschaftsabbruch, abgerufen am
07.12.2018

72. http://abtreibung.at/fur-ungewollt-
schwangere/methoden/kosten/,
abgerufen am 07.12.2018

73. Vilar, Das Ende der Dressur, 403

74. https://www.zeit.de/kultur/2018-09/
schwangerschaftsabbruch-paragraf-218-
moral-patriarchat-abschaffung,
abgerufen am 01.11.2018

75. Beauvoir, Das andere Geschlecht, 406 f

76. Vgl. die Umfrage »Ready for Red« des
Unternehmens »Erdbeerwoche«;
abgerufen über: https://wien.orf.at/
news/stories/2852795/

77. Beauvoir, Das andere Geschlecht, 861

78. http://bloodyluxurytax.de

79. http://menstruation-wozu.info/warum-
haben-frauen-mit-der-pille-eine-
blutung/, abgerufen am 01.11.2018

80. derstandard.at/2000085709728/Wer-
seine-Fruchtbarkeit-nicht-kontrolliert-
wird-von-ihr-kontrolliert,
abgerufen am 01.11.2018

81. https://de.wikipedia.org/wiki/Anti-
Gesichtsverhüllungsgesetz,
abgerufen am 07.12.2018

82. Beauvoir, Das andere Geschlecht, 846

83. Žižek: Blasphemische Gedanken, 14 f.

84. https://www.wienerzeitung.at/_em_
daten/_wzo/2017/12/16/171216_1614_
regierungsprogramm.pdf, S.107,
abgerufen am 05.07.2018

85. Marx, Thesen über Feuerbach,
http://www.mlwerke.de/me/me03/
me03_533.htm,
abgerufen am 02.11.2018

86. Pfaller, Erwachsenensprache, 44 f.

87. https://religion.orf.at/stories/2711387/,
abgerufen am 02.11.2018

88. https://frauenvolksbegehren.at/vielfalt-
leben-in-der-werbung/,
abgerufen am 07.12.2018

89. Žižek, Blasphemische Gedanken, 30 ff.

90. https://www.parlament.gv.at/PAKT/
VHG/XXV/SNME/SNME_02785/
fnameorig_392678.html,
abgerufen am 02.11.2018

91. Pfaller, Erwachsenensprache, 110

92. https://religion.orf.at/stories/2712299/,
abgerufen am 12.11.2018

93. https://derstandard.at/2000050787476/
Linke-Religionskritik-gibts-das-noch,
abgerufen am 10.11.2018

94. Žižek, Blasphemische Gedanken, 34

95. Vilar, Der dressierte Mann, 109

96. Flaßpöhler, Die potente Frau, 44

97. Dux, Die Spur der Macht im Verhältnis
der Geschlechter, 85

98. Ebd., 178

99. Ebd., 439

100. Beauvoir, Das andere Geschlecht, 885

101. Dux, Die Spur der Macht im Verhältnis
der Geschlechter, 418

102. https://derstandard.at/2000087282842/
Integration-ist-Frauensache-sagt-
Ministerin-Kneissl, abgerufen am
14.09.2018

103. Vilar, Das Ende der Dressur, 400

104. https://www.wienerzeitung.at/_em_
daten/_wzo/2017/12/16/171216_1614_
regierungsprogramm.pdf,
abgerufen am 05.07.2018

105. https://frauenvolksbegehren.at,
abgerufen am 01.11.2018

106. https://cenof.univie.ac.at/cenof-
forschungsprojekte/inhalt-der-cenof-
forschungsprojekte/,
abgerufen am 15.11.2018

107. Badinter, Die Mutterliebe, 295 f.

108. Ebd., 112

109. https://www.welovefamily.at/superheld-
ohne-umhang-papa/,
abgerufen am 14.11.2018

110. https://orf.at/m/stories/3099997/,
abgerufen am 16.11.2018

111. Sartre: Ist der Existentialismus ein
Humanismus, 32

QUELLEN

LITERATUR

Elisabeth Badinter: *Die Mutterliebe. Geschichte eines Gefühls vom 17. Jahrhundert bis heute.* München, Deutscher Taschenbuchverlag 1984

Elisabeth Badinter: *Der Konflikt: Die Frau und die Mutter.* München, C.H. Beck 2010

Simone de Beauvoir: *Das andere Geschlecht. Sitte und Sexus der Frau.* Hamburg, Rowohlt 1992

Günter Dux: *Die Spur der Macht im Verhältnis der Geschlechter. Über den Ursprung der Ungleichheit zwischen Mann und Frau.* Frankfurt/Main, Suhrkamp 1997

Svenja Flaßpöhler: *Die potente Frau. Für eine neue Weiblichkeit.* Berlin, Ullstein 2018

Rainer Forst: *Normativität und Macht.* Berlin, Suhrkamp 2015

Max Frisch: *Biedermann und die Brandstifter. Ein Lehrstück ohne Lehre.* Frankfurt/Main, Suhrkamp ¹⁰2017

Gaby Gschwend: *Mütter ohne Liebe. Vom Mythos der Mutter und seinen Tabus.* Bern, Huber 2009

Veronika Helfert: *Frauen wacht auf! Eine Frauen- und Geschlechtergeschichte von Revolution und Rätebewegung in Österreich 1916/17–1924.* Dissertation, Universität Wien 2018

Thomas Hobbes: *Leviathan oder Stoff, Form und Gewalt eines kirchlichen und bürgerlichen Staates.* Frankfurt/Main, Suhrkamp 1984

Axel Honneth: *Die Idee des Sozialismus.* Berlin, Suhrkamp 2015

Michael Howanietz: *Für ein freies Österreich. Souveränität als Zukunftsmodell.* Herausgegeben von Norbert Hofer. Freiheitlicher Parlamentsklub, Wien 2013

Philippe Narval: *Die freundliche Revolution. Wie wir gemeinsam die Demokratie retten.* Wien–Graz–Klagenfurt, Molden 2018

Blaise Pascal: *Gedanken. Über die Religion und einige andere Themen.* Stuttgart, Reclam 1997

Robert Pfaller: *Erwachsenensprache. Über ihr Verschwinden aus Politik und Kultur.* Frankfurt/Main, Fischer 2017

Barbara Rosenkranz, *MENSCHINNEN: Gender Mainstreaming – Auf dem Weg zum geschlechtslosen Menschen.* Graz, Ares Verlag 2008

Jean-Paul Sartre: *Ist der Existentialismus ein Humanismus.* Reinbek, Rowohlt 2000

Peter Singer: *Praktische Ethik.* Stuttgart, Reclam ²1994

François de Singly, *Fortune et infortune de la femme mariée,* Presses Universitaires de France 2004

Esther Vilar: *Der dressierte Mann. Das polygame Geschlecht. Das Ende der Dressur.* München, Deutscher Taschenbuchverlag 1987

Esther Vilar: *Das Ende der Dressur. Modell für eine neue Männlichkeit.* München, Droemer-Knaur 1977

Barbara Vinken: *Die deutsche Mutter. Der lange Schatten eines Mythos.* München, Piper 2001

Slavoj Žižek: *Blasphemische Gedanken. Islam und Moderne.* Berlin, Ullstein 2015

LINKS

Das Regierungsprogramm ÖVP FPÖ 2018 zum Download: *https://www.wienerzeitung.at/_em_daten/_wzo/2017/12/16/171216_1614_regierungsprogramm.pdf,* abgerufen am 05.07.2018

Österreichisches Frauenvolksbegehren 2018: *https://frauenvolksbegehren.at,* abgerufen am 19.10.2018

»AMS-Algorithmus: Punktabzug für Frauen, Mütter und über 50-Jährige: So entscheidet der AMS-Computer über Arbeitslose«: *https://kontrast.at/ams-algorithmus/,* abgerufen am 17.10.2018

#bloodyluxurytax: *http://bloodyluxurytax.de*, abgerufen am 31.10.2018

CENOF (The Central European Network on Fatherhood): *https://cenof.univie.ac.at/ cenof-forschungsprojekte/inhalt-der-cenof-forschungsprojekte/*, abgerufen am 15.11.2018

»Menstruation – wozu?«: *http://menstruation-wozu.info/warum-haben-frauen-mit-der-pille-eine-blutung/*, abgerufen am 20.10.2018

Carla Amina Baghajati: »Muslimin sein«: Die Rolle der Frau im Islam: *https://religion.orf.at/stories/2711387/*, abgerufen am 30.10.2018

Hilke Brockmann: »Her mit den Müttern!«: *https://www.zeit.de/2013/02/Frauenquote-Muetterquote-Foerderung*, abgerufen am 05.07.2018

Dagmar Buchta: »Was soll denn da verschleiert werden?«: *https://derstandard. at/1262208735435/Kopftuchstreit-Was-soll-denn-da-verschleiert-werden*, abgerufen am 10.07.2018

»Das große Tabu: Männer im Kindergarten«: *https://derstandard.at/2000089641289/ Das-grosse-Tabu-Maenner-im-Kindergarten*, abgerufen am 21.10.2018

»Das Rechenspiel mit dem Frauenwahlrecht«: *https://orf.at/m/stories/3099997/*, abgerufen am 15.11.2018

»Das Theater der Populisten«: *https:// www.falter.at/archiv/FALTER_ 20161019F260E098D1/das-theater-der-populisten*, abgerufen am 28.08.2018

»Die Erkämpfen des Frauenwahlrechts«: *http://linkswende.org/die-erkaempfung-des-frauenwahlrechts/*, abgerufen am 03.11.2018

»Mutterkreuz und ›Dienst am Volk‹: Die FPÖ-Frauenpolitik«: *http://linkswende. org/mutterkreuz-und-dienst-am-volk-die-fpoe-frauenpolitik/*, abgerufen am 06.11.2018

Sarah Diehl: »Vertraut den Frauen!« *https://www.zeit.de/kultur/2018-09/ schwangerschaftsabbruch-paragraf-218-moral-patriarchat-abschaffung*, abgerufen am 29.09.2018

Ehe und Partnerschaft: »FPÖ will Ehe privilegieren«: *https://orf.at/stories/3014381/*, abgerufen am 12.09.2018

Sineb El Masrar: »Wir sollten die Mädchen nicht unterschätzen«: *https://www. deutschlandfunkkultur.de/finale-von-germany-s-next-topmodel-wir-sollten-die-maedchen.1008.de.html?dram:article_ id=418703*, abgerufen am 02.07.2018

Svenja Flaßpöhler: »Unmündige Anklage«: *https://www.wienerzeitung.at/themen_ channel/literatur/autoren/1000433_ Unmuendige-Anklage.html?em_cnt_page=2*, abgerufen am 08.11.2018

Gynäkologe Fiala: »Die Familienpolitik ist zynisch bis bösartig«: *https://derstandard. at/2000084905554/Gynaekologe-Christian-Fiala-Die-Familienpolitik-ist-zynisch-bis-boesartig*, abgerufen am 15.09.2018

Gynäkologe Fiala: »Wer seine Fruchtbarkeit nicht kontrolliert, wird von ihr kontrolliert!«: *derstandard.at/2000085709728/ Wer-seine-Fruchtbarkeit-nicht-kontrolliert-wird-von-ihr-kontrolliert*, abgerufen am 28.10.2018

Marcus Franz: »Migration als Wiedergutmachung?«: *https://www.fischundfleisch. com/marcus-franz/migration-als-wiedergutmachung-16641*, abgerufen am 01.11.2018

Schweden: »Handbuch für feministische Außenpolitik veröffentlicht«: *https://newsv2.orf.at/stories/2452132*, abgerufen am 10.09.2018

Lisz Hirn/Ana Honnacker: »Pro und Contra: Burkaverbot – ja oder nein?«: *https:// philosophie-indebate.de/tag/burkaverbot/*, abgerufen am 27.07.2018

La Leche Liga: »Die Vorteile des Stillens für die Gesellschaft«: *https://www.lalecheliga.at/ informationen-stillen/vorteile-des-stillens/ vorteile-fuer-die-gesellschaft.html*, abgerufen am 05.07.2018

Herbert Marcuse: »Repressive Toleranz«: *https://www.marcuse.org/herbert/pubs /60spubs/1965MarcuseRepressiveToleranzD-tOcr.pdf*, abgerufen am 05.07.2018

MUVS: Fragen ohne Tabus: Wie stehen die Parteien zu gratis Verhütung und Schwangerschaftsabbruch? (Oktober 2017): *http://de.muvs.org/museum/presse/fragen-ohne-tabu/*, abgerufen 10.09.2018

Rolf Pohl:»Männer haben Angst vor Frauen«: *http://www.taz.de/!5166706/*, abgerufen am 09.07.2018

Jean-Jacques Rousseau:»Emil oder Über die Erziehung«: *http://www.zeno.org/Philosophie/M/Rousseau,+Jean-Jacques/Emil+oder+Ueber+die+Erziehung*, abgerufen am 07.07.2018

Armin Schäfer:»Die Folgen sozialer Ungleichheit für die Demokratie in Westeuropa«: *http://www.mpifg.de/pu/mpifg_ja/ZVPW_4_2010_Schaefer.pdf*, abgerufen am 21.10.2018

»Integration ist Frauensache«: *https://derstandard.at/2000087282842/Integration-ist-Frauensache-sagt-Ministerin-Kneissl*, abgerufen am 14.09.2018

Interview mit Owen Jones:»Es braucht emotionale Botschaften«: *https://www.wienerzeitung.at/nachrichten/europa/europaeische_union/867367_Es-braucht-emotionale-Botschaften.html*, abgerufen am 11.09.2018

Islamexpertin:»Wirtschaft für Frauen wichtig«: *https://religion.orf.at/stories/2901454/*, abgerufen 10.09.2018

Islamismus: Alice Schwarzer gegen»falsche Toleranz«: *https://religion.orf.at/stories/2712299/*, abgerufen am 28.07.2018

»Jugendliche wissen wenig über Menstruation«: *https://wien.orf.at/news/stories/2852795/*, abgerufen am 20.10.2018

Period Free Info: *http://period-free.info/*, abgerufen am 30.10.2018

Statistik Austria:»Vereinbarkeit von Beruf und Familie«: *http://www.statistik.at/web_de/statistiken/menschen_und_gesellschaft/soziales/gender-statistik/vereinbarkeit_von_beruf_und_familie/index.html*, abgerufen am 10.07.2018

Strache:»Kneissls Knicks vor Putin war Ausdruck von gutem Benehmen«: *https://derstandard.at/2000085631945/Putin-bei-Kneissl-Hochzeit-A-Dream-in-a-Dirndl*, abgerufen am 10.09.2018

»The bride was a dream in a dirndl, but Putin stole the show«: *https://www.nytimes.com/2018/08/18/world/europe/putin-austria-wedding-foreign-minister.html*, abgerufen am 14.09.2018

»Wie Frauen mehr Geld verlangen«: *https://diepresse.com/home/leben/mode/5482121/Wie-Frauen-mehr-Geld-verlangen*, abgerufen am 20.08.2018

»Wie viel Steuer braucht das Tampon?«: *https://diepresse.com/home/innenpolitik/5188779/Wie-viel-Steuer-braucht-das-Tampon*, abgerufen am 20.10.2018

Verteilungsgerechtigkeit:»Schwarz-Blaues Versuchslabor in Oberösterreich: Unten sparen, oben fördern«: *https://kontrast.at/schwarz-blaue-kuerzungen-in-ooe/*, abgerufen am 10.09.2018

»Zahl der Sozialmärkte steigt«: *https://wien.orf.at/news/stories/2946014/*, abgerufen am 11.11.2018

DIE AUTORIN

LISZ HIRN (Dr.in, Mag.a), Jahrgang 1984, studierte Philosophie und Gesang in Graz, Paris, Wien und Kathmandu. Sie arbeitet als Publizistin und Philosophin in der Jugend- und Erwachsenenbildung, unter anderem am Universitätslehrgang »Philosophische Praxis« der Universität Wien unter der Leitung von Konrad Paul Liessmann. Sie ist Obfrau des »Vereins für praxisnahe Philosophie« und im Vorstand der »Gesellschaft für angewandte Philosophie« (gap). Sie schreibt immer wieder für diverse österreichische Medien, unter anderem *Die Presse, Wiener Zeitung* und *Der Standard.*